O. 1820
B.

Ⓒ

O. Constantin

208

12 76220

LA VIE,

Les avantures, & le
VOYAGE
DE
GROENLAND

Du Révérend PERE CORDELIER PIERRE DE MESANGE.

Avec une Rélation bien circonstantiée de l'origine, de l'histoire, des mœurs, & du Paradis des Habitans du Pole Arctique.

TOME SECOND.

A AMSTERDAM,
Aux Depens d'ETIENNE ROGER, Marchand Libraire, chez qui l'on trouve un asortiment général de Musique.
M. D. CCXX.

VOYAGE ET DECOUVERTES AUTOUR DU POLE BORÉAL,

du Révérend Père Cordelier

PIERRE DE MESANGE.

Seconde Partie.

A Mander & Mérufol n'étant plus inquiétez de personne, ne songeoient qu'à se procurer tous les jours de nouveaux divertissemens, ils en faisoient leur étude, rien n'étoit digne de leur aplication que cela: mais comme il n'y a point de bonheur parfait dans le monde, que la joye précede ordinairement la tristesse, qui ne l'abandonne guére que de quelques pas, & que ce qui paroît permanent & acompli, est ce qui se trouve le plus imparfait, & le plus sujet aux vicissitudes de la fortune, Amander fut tout étonné

étonné lors qu'il s'aperçeut un jour qu'il étoit menacé d'une enflure, qui quoi qu'elle ne fût pas mortelle, ne laisseroit pas d'être dangereuse, & capable de lui donner bien de l'ennuy. Cet accident fâcheux l'alarma, il ignoroit les moyens propres à y aporter du remède, & il ne voyoit pas comment il pourroit éviter d'être détrôné aussi tôt qu'on le sauroit. La catastrofe, dont il étoit menacé, étoit terrible, & l'oprobre qu'il devoit, selon toutes les aparences, en recevoir, le faisoit fremir toutes les fois qu'il y pensoit. En quelque endroit qu'il se transportât il n'avoit plus de repos, l'idée de son desastre remplissoit seule toute la capacité de son esprit durant le sommeil, aussi bien que pendant la veille, & n'osant en faire part à aucun de ses sujets, de peur qu'il ne le trahît, il résolut d'en écrire à son pere, pour tâcher de le disposer à venir le trouver avec sa mere, ses freres, & ses sœurs, dans l'espérance que s'ils demeuroient à Cambul, il pourroit par leur secours, faire secrétement ses couches, sans que personne en eût seulement le moindre vent : voici de quelle manière il s'y prit.

LETTRE

A Réjan, pere d'Amander ou du Matelot.

„ Je suis persuadé, mon cher pere, que
„ vous m'avez crue morte il y a long tems,
„ c'est un abus pourtant, je suis pleine de
vie

„ vie & de santé, & dans un état bien difé-
„ rent de celuy auquel vous auriez pû vous
„ imaginer de me voir. J'ay des biens, j'ai
„ de la puiſſance, j'ai du crédit. Le Roy
„ & moy vivons dans une parfaite intelligence
„ il m'aime comme ſes yeux, nous ne fai-
„ ſons qu'un cœur & qu'une ame, & je puis
„ vous dire qu'il ſeroit au deſeſpoir de rien
„ entreprendre ſans mon entiére aprobation.
„ Jugez par là de ce que je ſuis preſentement
„ capable : les emplois, les honneurs, les
„ biens de l'état, tout dépend de moy : je
„ parle ſérieuſement, ce n'eſt point une hi-
„ perbole, il n'y a rien icy qui ſente la
„ fixion. Profitez d'une conjoncture ſi fa-
„ vorable, je vous en ſuplie, partez le plu-
„ tôt que vous pourrez, venez me trou-
„ ver avec vôtre famille, & ceux que vous
„ voudrez prendre de nos parens ; je vous
„ éleveraï tous aux plus hautes dignitez de
„ la Ville, ſans que perſonne s'en formaliſe
„ moyennant que je reſte inconnuë : car il
„ faut que vous ſachiez que je paſſe pour tout
„ autre que je ne ſuis & que l'on ignore mê-
„ me mon ſexe. En arrivant icy, rendez
„ vous directement à la Cour, adreſſez vous
„ au Roy, ſous prétexte que vous avez
„ quité Méralde pour vous venir établir dans
„ Cambul, où vous aurez beſoin de ſa pro-
„ tection ; n'oubliez pas de luy aporter un
„ preſent de Raf, de Rékeling, de Kaviar,
„ & d'Eſlinguer ; il aime tout cela paſſion-
„ nément. Je le diſpoſerai cependant à vous
„ recevoir honnêtement, & à vous faire tout

A 2 le

« le bien imaginable. Je lui ai déjà parlé
« plusieurs fois de vous, & je ne mentirois
« pas si je vous disois que c'est proprement
« lui qui vous envoye à ma considération,
« le porteur de cette lettre, qui vous dira
« de bouche le desir que ce Prince a de
« vous embrasser. Partez encore un coup,
« par la première commodité favorable ; je
« vous atens avec impatience pour vous don-
« ner des preuves convaincantes du zèle
« avec lequel je suis véritablement tout à
« vous,

LE MATELOT.

Huit jours après il partit une Caravane, à laquelle il joignit un homme qu'il chargea de cette lettre, & auquel il donna des instructions, qu'il n'avoit pas osé mettre par écrit. Ce messager s'aquita parfaitement bien de sa commission, mais il avoit à faire à des rustres, qui se moquérent de luy. Il ne leur paroissoit pas vray-semblable que le Matelot fût encore envie, & encore moins qu'il eût eu assez d'intelligence pour avoir sur un Roi l'ascendant dont il se flatoit ; mais quand même tout cela auroit été à la lettre, ils étoient tellement acoutumez à mener une vie privée & grossiére, qu'ils l'auroient préférée à l'état du monde le plus éclatant : les emploix, les dignitez, la Cour étoient pour eux des objets de mépris, parce que souvent ils engendrent la haine du public, & n'enfantent que du travail & de l'inquiétude : de maniére

nière que le pauvre homme fut forcé de s'en revenir sans avoir rien exécuté à l'avantage de son maître. Amander ne s'atendoit nullement à cela, il avoit conté si fermement sur ses parens, que depuis alors il étoit tombé dans une espèce d'indolence, qui l'avoit rendu insensible à toutes sortes d'événemens. Dès ce moment là son chagrin recommença à vûe d'œil ; Merusol le remarqua, il luy en demanda la cause : tout ce qu'il pouvoit lui répondre c'est qu'il ne se portoit pas bien, & qu'il étoit menacé de mourir dans peu d'hidropisie. Mon mal, disoit il, a commencé depuis quelques mois, par des maux de cœur & des défaillances ; j'étois souvent altéré, mais j'avois rarement de l'apétit ; enfin cela passa, & je croyois me porter le mieux du monde, lors que je remarquai par mes habits que le corps m'enfloit petit à petit. J'ai consulté là dessus mon Médecin, j'ai employé plusieurs remèdes ; rien ne m'aide, au contraire, le mal va tous les jours en augmentant. Merusol l'aimoit, non pas tant à cause qu'il le croyoit son frere, que par un autre principe, dont lui même ignoroit la cause : cette raison faisoit qu'il ne l'abandonnoit que le moins qu'il lui étoit possible ; il faisoit tout ce qu'il pouvoit pour le divertir, soit en chantant, ou en jouant des instrumens, soit en l'entretenant des bruits de ville, ou de ses galanteries, ou enfin de l'histoire, & des avantures les plus remarquables qui étoient jamais arrivées à Russal, & dont il possédoit un fond inépuisable,

Il faut avouer, luy dit il un jour, qu'il arriva, il y a quelque temps à Persac une afaire fort extraordinaire, qui mérite bien votre atention : c'est une dévote, qui m'en a fait la narration, & qui, à ce qu'elle asuroit, la tenoit de gens qui en avoient été les témoins oculaires. Un Maréchal assez commode, c'est à dire qui possédoit beaucoup de fer, d'outils, de bons habits, de beaux meubles, des maisons, & qui avoit quelques droits sur les mines, les carriéres, & les champs d'où l'on tire les piths, car c'est en cela principalement, comme vous savez, que consistent les richesses de ce pays là, aussi bien que du notre, si on en excepte les bois que nous n'avons point, & ausquels il n'avoit point de part, ce Maréchal dis-je, se voyant sur l'âge, veuf & sans enfans, fit un testament, par lequel il déclaroit héritier légitime & universel de tous ses biens le premier fils qu'auroit un des deux neveux qui lui restoient de son côté : & au cas qu'ils n'eussent que des filles, ce bien devoit passer aux parens de sa femme, ausquels il avoit de grandes obligations. L'espérance d'une si belle aquisition fit marier ces deux jeunes hommes à l'âge de quinse ou seise ans. La femme du premier resta stérile ; celle du cadet eut six filles l'une après l'autre ; à la septiéme grossesse, le mari & la femme résolurent de travailler unanimement à corrompre la sage femme, & à la porter à faire en sorte que de quelque enfant que la femme açouchât, il se trouvât toûjours que ce fût

un

garçon : ils sçeurent si bien persuader cette matrône, & assaisonner le discours qu'ils lui tinrent d'un si considérable présent, qu'elle les assura qu'ils auroient inmanquablement un fils. On disposa toutes choses pour cela ; la femme grosse étoit déja délivrée avant qu'on allât quérir les voisins & les parens, parce, disoit on, que l'enfant étoit plutôt venu qu'on ne l'avoit atendu ; c'étoit éfectivement encore une femelle, que l'on avoit aussi-tôt empor-tée, & en la place de laquelle on avoit substi-tué un mâle âgé de trois jours. Ce nouvel hô-te aporta bien de la joye dans cette maison là, & mortifia extrémement les intéressez du parti contraire ; mais enfin c'étoit une afaire, où il n'y avoit point de changement à aporter. Quinse jours ou trois semaines après l'acou-chement, on fit un nouvel échange des en-fans ; la mere prit beaucoup de soin de ce pré-tendu garçon, & l'éleva avec tant de précau-tion, que personne n'eut seulement la pensée que ce fût une fille. Non seulement elle portoit un habit convenable au sexe mascu-lin, on lui fit aussi aprendre les exercices qui lui convenoient le plus, & elle y réussit si bien, qu'on avoit lieu de s'en contenter. Dans la pensée où elle étoit qu'il n'y avoit point de diférence entre elle & les autres hom-mes, elle cherchoit par tout leur compag-nie, on eût même dit qu'elle avoit du dé-goût pour le sexe contraire ; cela changea pourtant avec le temps, elle parla enfin de se marier. Ses parens & la sage femme, qui la connoissoient mieux qu'elle ne se connois-

soit

soit elle même, la détournoient toûjours de cette pensée, mais comme ils étoient les seuls qui eussent part au secret, ils ne furent pas plutôt expirez que le jeune homme chercha une femme, & se mit incontinent en ménage. La personne qu'il avoit prise, étoit d'honnête famille, belle, bien faite, & d'un très bon comportement; lui d'autre part étoit aussi fort bien tourné : chacun aspiroit de voir de leurs enfans. On avoit pourtant beau souhaiter, rien ne venoit : souvent ses amis lui en faisoient la guerre ; quelquefois il en rioit ; mais le plus souvent il en paroissoit tout mortifié. Le pauvre enfant de son côté, ignoroit la fonction de mari ; elle du sien, soit par modestie, ou par innocence, témoignoit toûjours être fort contente; sa mere en étoit plus touchée qu'elle, de sorte que voyant que cela avoit duré plus de quatre ans, & que la délicatesse des traits & du teint du jeune homme le rendoient suspect à bien des gens, qui avoient remarqué outre cela, qu'il ne lui venoit point de poil au menton, elle lui parla un jour en particulier ; & sçut si adroitement s'informer d'elle comment son mari étoit bâti, & ce qu'ils faisoient ensemble, qu'elle découvrit tout le mistére. Là dessus le beau pere s'adressa au gendre, qui lui dit ingénument ce qui en étoit ; il protestoit n'avoir jamais sçu ce qui distinguoit le mâle d'avec la femelle, & qu'il ne comprenoit pas dans quelles vues sa mere l'avoit fait passer pour ce qu'il n'étoit point. Il en fut quite pour voir casser son mariage, il n'y

avoit

avoit point de malice dans son fait, & c'auroit été une injustice au Magistrat de lui imposer la moindre peine. Ce qu'il y eut de plus fâcheux c'est que les parens de son oncle, du côté maternel, ayant apris cette métamorphose, ne demeurérent pas endormis, ils en donnérent d'abord connoissance au juge, qui prononça sentence à leur avantage, sans aucune dificulté, & les mit en droit de se faire rendre tout ce qui leur avoit été usurpé par cette supercherie. En éfet, dit Amander, le cas est fort singulier : mais en voici un autre, qui ne doit pas moins vous surprendre. Un fameux pêcheur de Méralde eut entre plusieurs enfans, une fille, dont les inclinations étoient diamétralement oposées à celles de son sexe. Ses actions étoient mâles, & sa vivacité ne tenoit rien de l'ordinaire. A peine sçut elle marcher qu'elle cherchoit par tout des garçons avec lesquels elle pût jouer à leur maniére : en suite elle aima la chasse, la pêche, les exercices des armes, & tout ce qui convenoit aux personnes d'un sexe oposé au sien. Le pere dès son enfance, s'açoutuma à cette vie libertine; il commença à mener cet enfant avec lui à l'âge de quatre ans, & afin que ses habits ne l'incommodassent pas, il la fit habiller en garçon. On n'y regardoit pas de si près pendant qu'elle étoit encore jeune, mais lorsqu'elle commença à grandir, on lui mettoit un habit de fille en hiver, de peur de donner du scandale à personne, & tout l'été qu'elle étoit sur la mer, elle portoit son an-

A 5 cien

cien vêtement. Je ne m'amuferai point à vous reciter cent circonftances de la vie de cette fille, qui feroient fans doute plaifir à un efprit moins folide que le votre, parce que mon but eft de venir d'abord au principal, ainfi je vous diray feulement qu'étant parvenue à l'age de vingt cinq à trente ans, il arriva que le Gouverneur de Méralde eut quelque démêlé avec les habitans de Daïla : La chofe alla fi loin qu'ils fe déclarérent la guerre, & en vinrent même jufqu'à fe livrer bataille. Notre Héroine, que nous apellerons Siola, étoit du nombre des combatans, & comme la victoire fut douteufe, il fe trouva des prifonniers des deux côtez, il y eut auffi beaucoup de monde de tué, un des premiers Chioux fut mortellement bleffé, plufieurs de fes fils y perdirent auffi la vie. Siola reffembloit à l'un de ces jeunes Meffieurs comme fi ç'avoit été lui même. Cette Amazone étoit bleffée, & d'autant que les habits des particuliers fans exception, font uniformes en ce pays, & qu'il n'y a que le Gouverneur feul qui s'habille d'une autre maniére, comme vous favez, il ne faut pas être furpris fi l'on prit le change. Efectivement on eut le même foin de cette fille qu'on auroit eu de celuy pour qui on la prenoit : on la nommoit de fon nom, & on la mena dans la maifon de cét homme de juftice, où elle fut traitée comme une Reine. Etant fine & rufée elle n'eut garde de fe découvrir, elle profita

adroit-

adroitement de la conjoncture, & joua si bien son personnage, que le Chiou étant mort de ses blessures, elle eut le plaisir de voir, qu'en qualité de fils aîné d'un homme qui s'étoit sacrifié pour la patrie, & en récompense de ce qu'elle avoit si bien fait, on la créa Chiou de Daïla. Il n'y avoit pas long-temps qu'elle exerçoit cette charge qu'elle s'imagina par quelques indices assez vrai-semblables, que son frere putatif devoit avoir une intrigue amoureuse avec la femme d'un oficier, à peu près de son âge & de sa taille: il falut rémuer diverses machines pour savoir au vray si ces conjectures étoient bien fondées ou non, & s'il se passoit rien de criminel dans leur commerce: elle employa des espions, qu'elle récompensa largement de leurs peines, ensuite elle se travestit, prit l'habit de cette femme, alla voir son frere en cet équipage, & jouant ainsi le personnage d'une autre avec adresse, elle poussa si loin sa curiosité, qu'elle même se trouva prise. Ouy, mon cher Mérusol, cette malheureuse devint grosse; je vous donne à penser dans quelle angoisse elle étoit lors qu'elle s'en aperçeut; elle trembloit toutes les fois qu'elle songeoit que le terme d'enfanter aprochant, elle étoit sur le point de se voir couverte d'oprobre, de confusion & d'ignominie. Cependant elle n'osoit déclarer à ce frere prétendu, qu'elle aimoit comme son cœur, en quoi consistoit leur parenté, de crainte qu'il ne se moquât d'elle, & qu'il ne fût ravi de trouver par la ocasion de soliciter avec raison

A 6 une

son une dignité à laquelle, suivant les Loix, il ne pouvoit aspirer tandis que celui que l'on croyoit issu comme luy d'un même pere, en étoit actuellement en possession. La pauvre fille étoit étrangere, & par conséquent sans apui : il n'y avoit pas une ame dans toute la ville à qui elle pût faire confidence de son desastre sans courir risque de se perdre. Elle avoit pourtant besoin de conseil & de secours dans cette fâcheuse conjoncture. Enfin après s'être bien tourmentée inutilement, & avoir tourné la chose de mille côtez diférens, elle résolut d'aller à la source, & de se découvrir à celui qui étoit la véritable cause de son malheur, pour voir s'il auroit la générosité de l'épouser, & de ne pas abandonner une misérable, qui s'étoit donnée à lui sans réserve. Comme j'en étois là, le cornet à sonné, qui m'a éveillée. Comment, interrompit Mérusol, est ce donc un rêve dont vous m'entretenez ? Sans doute, reprit le Roi, cependant je vous jure que je voudrois pour beaucoup, à cause de la rareté du fait, avoir entendu la réponse du galant: j'ay voulu me rendormir pour voir si je ratraparois le fil de cette avanture, mais il m'a été impossible. J'ignore, dit Mérusol, de quelle réponse Morphée vous auroit payée dans le sommeil, mais je say fort bien en quels termes l'équité voudroit qu'elle fût conceue, & comment je la prononcerois si j'étois dans le même cas. Voyons donc un peu comment vous vous y prendriez, continua le Roy. He ! bagatelle, Sire, repliqua

qua Mérusol, laissons cela, ce n'est qu'un songe, & encore un songe chimérique, qui n'a seulement pas la vrai-semblance pour fondement. J'avoüe, reprit Amander, qu'il n'est peut être jamais arrivé rien de semblable, & ce n'est pas aussi pour cela que je voudrois vous faire expliquer, c'est simplement à cause que vous passez dans mon esprit pour un homme froid, insensible, & auquel tout est indiférent. Vous me connoissez bien mal, Sire, continua Mérusol, je suis au contraire d'un naturel extrémement tendre, je ne pense pas qu'on puisse plus que moy, compatir aux aflictions de son prochain, d'où il est aisé de juger ce que je ferois pour une pauvre fille, qui se seroit abandonnée à mon amour, & auroit fait dépendre de ma volonté ce qu'elle a de plus précieux au monde. A d'autres, dit le Roy, je vous connois, il n'y a ny honneur, ny réputation, qui tienne, lors qu'il s'agit de nos intérêts: vous lui auriez donné du pié au derriére, dans l'espérance de jouir de sa charge, & de trouver une autre maitresse, ou plus acréditée, ou plus agréable que celle là. Non, raillerie à part, repit Mérusol, ce sont des bagatelles, dont nous nous entretenons, mais je vous assure que si une afaire semblable me pouvoit arriver, une fille n'auroit qu'à conter sur moy comme sur elle même, fût elle de la lie du peuple, & laide comme la nuit, je la prendrois pour ma femme, quand même on refuseroit de m'acorder l'employ dont elle seroit en possession, & que je de-

A 7 vrois

vrois travailler comme un esclave avec elle pour gagner notre vie. Vous êtes un honnête homme, continua le Roy, je vous en estime davantage ; donnez moy la main la dessus : vous me prenez donc pour votre épouse ? à la bonne heure, j'y consens avec bien de la joye, & je vous félicite en même tems de la Royauté, qui ne vous sauroit être contestée de personne. Courage, dit Mérusol, voila la conclusion du songe ; si quelqu'un nous entendoit badiner comme nous faisons, on croiroit en éfet que nous dormons. Non, mon cher, nous ne dormons pas, poursuivit Amander, je vous ay fait le recit d'une histoire véritable, si ce n'est qu'au lieu d'un Roy, j'ay introduit un Chiou sur la scène, de peur que vous ne vous aperçussiez de la feinte. C'est moi, qui suis la fille du pêcheur de Méralde, qui ay été amenée ici au lieu de votre frere, qui est sans doute resté au dernier combat, que nous avons livré aux habitans de cette superbe ville. C'est moi, qui en conséquence de la proximité, ay été élevée sur le Trône en la place de votre pere ; & c'est moy encore qui ay suplanté Sardanié, & me suis introduite en sa place auprès de vous. Enfin, c'est moi, qui suis enceinte de Mérusol, & qui, selon la parole que lui même vient de m'en donner, doit devenir mon Epoux, & terminer par là mes espérances. A ce discours, Mérusol faillit à tomber de son haut, il demeura long-temps sans pouvoir proférer une parole, mais ayant un peu repris ses esprits, ouy, Madame, dit il,

il, vous serez s'il vous plaît, mon Epouse, & Reine de Cambul, cela ne vous sauroit manquer ; mais au nom de Dieu, continua-t-il, faites moy, je vous prie, une relation plus circonstanciée de toutes vos avantures ; ce que vous m'en avez dit sufit à peine pour vous faire connoître, il faut vous étendre au long & au large, si vous voulez contenter ma curiosité. Nous aurons du temps pour cela, Mérusol, répondit Amander, que nous apellerons à l'avenir Reine de Cambul ; pensons à autre chose, je suis prête d'acoucher, il ne faut pas atendre jusqu'à l'extrémité pour découvrir le mistére de mon sexe. Vous avez raison, dit Mérusol, faites convoquer le grand Conseil pour cela, & dites à ceux qui le composent les choses naivement, comme elles sont arrivées. Il n'est pas néccessaire de raporter ici au juste ce qui se passa à une assemblée où l'on s'atendoit si peu à voir en un instant métamorphoser un Roy, en une simple fille étrangére, issue d'un pêcheur de profession, & grosse d'un homme, qui passoit véritablement pour son frere : La surprise fut si grande que chacun avoit de la peine à en revenir, & nonobstant la dificulté que quelques uns faisoient de donner les mains à une Aliance si peu proportionnée, voyant les deux parties contentes, il falut y consentir, & faire les réjouissances acoutumées. On envoya aussi des Députez aux trois autres villes, pour leur faire part de l'avénement de Mérusol à la Couronne, & de la célébration de son mariage. La Reine

ne chargea en particulier un de ses domestiques d'une lettre, dans laquelle elle faisoit à son pere une relation concise, assez bien circonstaciée, & sans aucun déguisement, de ce qui luy étoit arrivé depuis qu'elle étoit sortie de Meralde, & l'invitoit de nouveau avec toute sa famille à venir s'établir à Cambul, où elle pouvoit le rendre heureux sur ses vieux jours. On mit la chose en déliberation, & après bien des contestations, la mere, qui aspiroit de voir sa fille, sçut si bien plaider sa cause, que les bonnes gens résolurent unanimement de venir feliciter les nouveaux mariez, mais la saison étant fort avancée ils n'oserent se mettre en chemin, il falut diférer le voyage jusqu'à l'été suivant. Cependant le Lieutenant Malade mourut, & on donna la Compagnie Vacante au mari de Sardanie, pour la consoler du tort que le faux Amander luy avoit fait dans ses amours, en luy enlevant Merusol. Trois semaines après la noce, la Reine acoucha heureusement de deux parfaitement beaux enfans, un fils & une fille, au grand contentement du Roy, qui étant le seul enfant de reste de son pere, apréhendoit de n'avoir pas un héritier qui pût aussi luy succéder. Enfin l'hiver se passa, & les Envoyez de Meralde vinrent, qui amenérent avec eux le pere de la Reine acompagné de sa femme & de cinq enfans. Le Roy leur fit mille honnêtetez, & créa incontinent son beau pere Président des Chioux, au lieu de celuy qui venoit de mourir subitement, comme pour luy céder cette place, & le reste de la famille receut aussi

des

des marques sensibles de son amitié. Je trouvay cet endroit de l'histoire de Cambul si singulier que j'en fis la lecture trois ou quatre fois de suite, de sorte que je le savois si bien par cœur, que Bénédon, avec lequel je m'en entretenois un jour, & qui l'avoit presque oublié a cause qu'il ne l'avoit vûe que dans son bas âge, m'ayant ordonné de luy aider à en rapeller les idées, je la lui recitay, pour ainsi dire, mot à mot. Il me loüa de ma memoire, & pretendait que je devois savoir de bonnes choses, puis que je lisois volontiers, & que suivant ce qu'il m'avoit entendu dire, on avoit la commodité parmi nous de trouver des livres sur toutes sortes de Matiéres sans exception. Je m'excusay sur ma négligence, qui avoit été beaucoup plus grande en ma jeunesse, qu'elle ne l'auroit été alors, si j'avois eu l'ocasion d'étudier. Il est vray, me répondit il, que vous n'avez pas icy la commodité d'aquérir de nouvelles lumiéres dans les sciences, mais du moins vous pourriez vous exercer dans celles que vous savez, autrement vous courez risque de les oublier. Malaisément, Sire, luy dis-je, mon fond est la Phisique, qui demande des instrumens précieux, dificiles à construire, & la plupart faits de matériaux, qui ne se trouvent point icy, pour faire les expériences, qui en rendent les démonstrations évidentes. Vous m'avez quelquefois entretenu de très beaux phénoménes d'Astronomie, reprit Bénédon, faut il aussi tant de mistéres pour en traiter? Toutes les

con-

connoissances humaines ont leurs principes & leurs commencemens, vous pourriez en enseigner à nos jeunes gens ce que la commodité, que nous ayons pour cela, vous permettroit. En hiver on n'a pas grand-chose à faire, ce seroit un agréable passe-temps, vous y auriez du plaisir vous même, & on vous en estimeroit beaucoup plus, parce que vous vous rendriez nécessaire. S'il ne tient qu'à cela, Sire, continuai-je, nous nous érigerons en maître quand il vous plaî-ra, & nous irons aussi loin que nous pourrons : mais, Sire, ajoutai-je, il y aura quelques dépenses à faire : & d'autant que de l'humeur que je vous connois, vous voudrez souvent assister à nos exercices, il me semble que, pour ne vous point donner la peine de sortir de chez vous, il ne seroit pas mauvais que l'on fît au dessus de l'un de vos apartemens un petit observatoire, en forme de dôme, de vingt ou vingt cinq pas de diamètre, où il y eût des fenêtres tout à l'entour, que l'on pût ouvrir & fermer, & au milieu duquel nous eussions un foyer avec une cheminée, où vous fissiez faire bon feu, afin que la place fût tenable pour quelques momens. Je ne suis point en peine de faire des instrumens propres à prendre hauteur, & je puis aisément décrire sur deux grosses Sphéres de bois ou de pierre, que je feray aproprier pour cela, les cercles, qui sont les plus nécessaires pour donner, à ceux qui commencent, une idée générale du Sistême de tout le monde. Ce qu'il y a de fâcheux, c'est c'est que nous n'avons point de telescopes, pour voir les diférentes fases, ou de la lune, lors qu'elle est éclipsée, ou des autres planètes, suivant qu'elles sont situées les unes à l'égard des autres, ou qu'elles sont distantes du globe terrestre. Ce que nous n'avons point, dit le Roy, il s'en faut passer, vous n'avez pour commencer, qu'à donner le modèle de l'endroit que vous demandez, on le fera bâtir aussi-tôt qu'il sera possible, & je vous feray donner de même toutes les autres choses, dont vous aurez besoin, qui sont en notre puissance. Fort bien, Sire, repliquai-je, je ne puis rien souhaiter de plus. Bénédon avoit une passion si extraordinaire de me voir en action avec ceux qui auroient la curiosité de m'entendre raisonner sur le mouvement des astres, qu'il fit d'abord mettre la main à l'ouvrage, & on y travailla avec tant de diligence & de succès, que tout fut plutôt prêt que moy. Cependant il ne se passoit pas un jour que je ne visse le Roy dans sa chambre, il le vouloit absolûment, & comme il prétendoit être du nombre de mes écoliers, & qu'il envioit l'honneur de surpasser tous les autres, il m'obligea à luy donner des leçons en particulier, afin d'avoir cela d'avance, & d'être en état de répondre dans mes Colléges à toutes les questions qu'il me viendroit dans l'esprit de faire à ceux qui y assisteroient. En causant ensemble de la matiére premiére, de ses divisions, des diférentes figures de ses parties, & de ses mouvemens, tant

sim-

simples que composez, nous tombâmes insensiblement sur ce qu'on apelle la pesanteur & la legereté des corps terrestres. Il ne croyoit pas au commencement qu'il valût seulement la peine de demander pourquoi de certains corps montent, tandis que d'autres descendent, puis que, selon lui, il étoit visible que cela ne venoit que de ce que, par une Loy naturelle & immuable, chaque chose tend vers son centre, & à se réunir avec la masse dont elle a été tirée, & de laquelle elle dépend comme une partie de son tout : mais cela ne dura guére ; les objections que je lui fis, l'obligérent bientôt à changer de sentiment, & enfin les dificultez augmentérent jusques là qu'il me fît l'honneur de m'ordonner de lui faire le plaisir de les sever par des explications, qui fussent pourtant de sa portée. Je ne saurois faire cela sur le champ, Sire, lui répondis-je ; il faut que j'y pense auparavant pour m'en aquiter dignement, je le feray demain, s'il vous plaît ; ou bien, si vous le trouvez à propos, ce sujet sera la matiére de ma premiére leçon publique, aussi bien devons nous commencer bientôt. J'en suis content, me dit Bénédon, & afin que la place ne manque pas à nos auditeurs, qui seront sans doute en grand nombre, car comme c'est une nouveauté, chacun sera curieux de vous entendre, je prétens que le Palais vous serve d'auditoire, & mon propre Trône de chaire : Les places des Chioux seront pour les personnes de distinction, qui s'y trouveront, les autres pourront se tenir debout. C'est à dire,

dire, Sire, repris-je, que vous ne me voulez jamais venir entendre ? car autrement je serois assez glorieux d'excercer ma fonction de Professeur à l'un de vos deux côtez, Au contraire, répliqua le Roy, j'ay bien envie de profiter de vos enseignemens, & de servir même d'exemple à vos disciples; je seray là de leur nombre: il ne seroit pas juste qu'en cette qualité je parusse au dessus de vous comme Roy & Juge; le lieu le plus éminent vous convient, & je prétens que vous l'occupiez tant que vous joüerez le personnage de maître & de Docteur; la coûtume ne le veut pas, je le say bien, mais c'est mon sentiment que n'y ayant rien de plus noble que les sciences, les savans devroient tous aller du pair avec les Princes & les Rois, puis qu'il est toûjours avantageux à un Peuple de voir la palme & le laurier avec le Scéptre & la Couronne. Il me siéroit mal de vous prescrire des Loix, Sire, luy dis-je, c'est à vous à en donner, & mon devoir m'engage indispensablement à m'y soumettre: j'exécuteray vos ordres, je passerois dans votre esprit pour un desobéissant si je ne le faisois point, cela n'empêchera pas que vous ne restiez en droit de reprendre la place que vous me cédez quand l'envie vous en prendra. Hé bien, reprit Bénédon, préparez vous pour d'aujourd'huy en six jours; je donneray connoissance au Conseil de la dignité à laquelle je vous éleve présentement, je prétens qu'ils l'aprouvent, & qu'ils vous en félicitent tous. A ces mots, je fis
une

une profonde inclination de corps, pour marquer ma reconnoiſſance, & me retiray, afin de luy donner le Loiſir de vaquer aux affaires qu'il avoit en tête: & en même temps dans le deſſein d'aller m'aprêter pour le jour de mon inauguration. Quand l'heure de cette cérémonie fut venue, le Roy même prit la peine de ſe transporter dans mon apartement, qui n'étoit pas fort éloigné du ſien, acompagné de tous les Chioux; il me commanda de ſortir, alors il ſe mit à ma droite, & le Préſident prit ma gauche, les autres venoient après nous trois à trois. Auſſi tôt que nous fûmes arrivez au Palais, le Roy me fit efectivement monter ſur ſon Trône, & s'aſſit à côté de moy, comme il me l'avoit déja dit. Je remarquai bien incontinent que cette grande déférence donnoit de l'étonnement aux aſſiſtans, qui étoient extrêmement nombreux, & leur imprimoit pour moy bien plus de reſpect qu'ils n'en avoient eû par le paſſé; mais enfin je n'en étois pas cauſe, le maître le vouloit ainſi, il faloit que l'inférieur y donnât les mains. Du moment que nous eûmes pris nos places, les cornets, les inſtrumens de muſique, & les voix des perſonnes qui ſavoient le mieux chanter, ſe firent entendre, ny plus, ny moins, que ſi c'avoit été au ſacre du Roy. Cette muſique groſſiére, à la Mode du pays où nous étions, ayant ceſſé, je me levay, & prononçai le preſent.

DIS-

Pierre de Mésange.

DISCOURS

Concis, sur la Pesanteur.

En forme d'Oraison inaugurale, rendue dans le Palais de Cambul, Ville Capitale de Russal située sous le Pole Artique. en 1696.

GRAND ET REDOU-TABLE ROY.

Prince doux, Clément, pieux, debonnaire: Monarque Souverain d'un peuple aussi nombreux que sont les étoiles du firmament, & le plus heureux de tous les hommes.

Sage, Puissant, & très honorable Seigneur, Monsieur le Lieutenant de Roi, & la seconde personne de ce florissant Royaume.

Prudens, discrets, & équitables Seigneurs, Messieurs, le Président, & les Chioux de la Superbe Ville de Cambul.

Braves, Vaillants & intrépides Guerriers, Messieurs les Officiers Militaires de sa Majesté Russalienne.

Riches,

Riches, Opulens, & Magnifiques Bourgeois, Habitans, & Soldats de cette Cité : vous tous, Messieurs, qui m'avez fait l'honneur de vous transporter ici pour m'entendre, c'est à vous que s'adresse ce Discours.

C'est une chose étonnante qu'entre tant de miliers d'hommes qu'il y a sur la face de la terre, on ne sauroit en trouver deux, qui soient tellement semblables, que pour peu que l'on examine leur taille, leur poil, ou les traits de leur visage, on ne puisse aisément les distinguer, & trouver dans l'un de certaines marques ou qualitez, qui ne s'aperçoivent nullement dans les autres : mais il est ce me semble, bien plus surprenant de voir, lors qu'on y fait tant soit peu d'atention, que de tous les esprits qui animent ce nombre innombrable de corps diférens, il seroit de même impossible d'en rencontrer deux, qui aient les mêmes pensées, & qui à tous égards, donnent les mêmes jugemens sur tous les objets ausquels nous sommes capables de penser. Je dis que cela est plus surprenant, parce que, pour peu de connoissance que l'on ait de la structure des corps, & que l'on soit versé dans la chimie, on sait assez que la matière n'étant qu'un amas d'une infinité de petites parties imperceptibles, de diférentes figures & grandeurs, les corps qui en sont composez, doivent nécessairement tenir quelque

que chose de ce mélange. Les parties dont les principes sont des cubes, ne peuvent pas bien être semblables à celles où il n'est intervenu que des piramides ou des cilindres; outre que la constitution des hommes est si diverse, & la complexion d'une créature si diférente de celle de l'autre, qu'il n'est pas fort étonnant que le plus, ou le moins des viandes qu'ils prennent pour leur nourriture, cause une diversité si considérable en tout leur corps. On ne peut pas dire la même chose d'un esprit; puis que la pensée seule le constitue, qu'il est le même en substance, dans tous les animaux douez de raison, & qu'il est exempt des changemens, ausquels les corps sont indispensablement sujets par leur nature. Cependant ce sont ces esprits si uniformes, qui diférent si fort dans leurs sentimens. Quoique nous ne voyions pas les cœurs comme les visages, & qu'il ne soit pas en la puissance d'un Métaphisicien d'examiner nos pensées à nud, comme un Géométre mesure les dimensions de notre corps, nous pouvons néanmoins être sufisamment persuadez de cette vérité, par la diversité des opinions, que nous savons régner sur toutes les choses, dont nous avons la moindre idée: autant d'hommes, autant de sentences. Jamais deux Jurisconsultes, deux Médecins, ne sont convenus en toutes maniéres sur les dificultez qu'on a daigné leur proposer: & il n'est point de Philosophes, qui ne se contredisent dans l'explication qu'ils donnent

B cha-

chacun en particulier des causes secondes. Le monde est rempli de livres, qui sont autant de témoins irréprochables de ce que je viens d'avancer, il n'est pas nécessaire d'en produire beaucoup d'exemples, il sufit Messieurs, pour en venir d'abord à notre but, que le sujet du monde le plus simple, la cause de la pesanteur, ou de la légereté des corps, ait mu autant de disputes entre les Phisiciens, qu'ils ont eu ocasion de s'en entretenir. Les opinions diférentes que les savans ont eues sur ce sujet, sont sans contredit en grand nombre, les principales se réduisent pourtant à six. La première de ces opinions veut absolûment que les corps ne pésent qu'à cause de l'inclination qu'ils ont à se réunir au Centre de l'univers, que ses sectateurs prétendent être le même que celui du Globe terrestre, ce qui les y fait tendre en éfet, & pousser avec éfort tout ce qui s'opose à leur décente. La seconde consiste en ce que de tous les corps, il y en a qui par une certaine sympatie, tendent vers la superficie de la terre, pendant que d'autres, par une inclination contraire à celle là, s'en éloignent de toute leur puissance. La troisiéme établit pour constant que tous les corps en général ont du penchant à décendre, mais que les uns en ayant plus que les autres, ils les devancent, & les forcent par conséquent à monter pour aller prendre leur place. La quatriéme, qui est justement opoſée à la précédente, supose que toute la matiére tend vers le haut, mais qu'il y a de certaines par-

ties

ties qui prévalent dans leur mouvement, & qui contraignent conféquemment les autres à tenir une route contraire. Par la cinquiéme on s'engage à démontrer que les corps qu'on apelle pefants, & legers, n'ont point les qualitez que le vulgaire leur atribue, capables de les faire décendre ou monter, mais que la véritable caufe de ces diférens mouvemens fe doit chercher dans la maffe de la terre, qui en éfet a la vertu de les atirer plus ou moins, fuivant la difpofition de leurs parties. Et enfin la derniére eft celle qui n'admet pour caufe de ce phenomène, qu'un mouvement fimple & naturel. Les cinq premiéres de ces opinions font abfurdes & impertinentes, la derniére feule eft véritable, c'eft ce que je m'en vay vous faire voir auffi clairement que la matiére, & le temps que l'on a fixé pour nos exercices, le pourront permettre. Pour commencer par le premier des fentimens dont je viens de faire le dénombrement, & que nous allons parcourir dans le même ordre, il faut remarquer que ceux qui ont avancé que les corps libres, ou qui flotent pour ainfi dire dans les airs, à quelque diftance de la maffe du Globe terreftre, ne décendent proprement que pour s'aprocher le plus près qu'il eft poffible de fon centre, ont cru que ce même centre étoit auffi celuy la même de l'Univers. Dieu, difoient ils, eft un Etre Souverainement parfait à tous égards, qui a été de toute éternité, & qui eft fans commencement & fans fin; le monde au contraire, eft borné de toutes les maniéres, tant par raport à son étenduë, qu'à son âge : la Providence l'a tiré du néant dans un certain temps. Il n'a pas trouvé à propos de laisser un si bel ouvrage desert, & inconnu, il l'a peuplé d'un nombre innombrable de toutes sortes de créatures, entre lesquelles l'homme, qu'il a formé à son image & ressemblance, doué de jugement & de raison, afin qu'il en admirât la structure, est sans contredit le plus noble & le plus parfait. C'est proprement pour l'amour de cet être intelligent & raisonnable que tout ce qui a été fait a été fait. La terre en particulier est destinée pour sa demeure, il étoit donc bien juste, au dire de ces habiles Philosophes, qu'elle ocupât le lieu d'honneur, la place la plus éminente, & ce lieu d'honneur ne sauroit être qu'au centre de l'espace immense qui renferme tout ce qui a quelque dimention, de quelque nature qu'il puisse être. Or les corps terrestres qui sont vagues & détachez de toute la masse, continuoient ils, étant de la même matiére qu'est en général le Globe que nous habitons, il est évident qu'ils doivent tendre à s'y réunir, & qu'au moment que la cause qui les en tient éloignez, & qui leur fait violence cesse, ils sont forcez, par une Loy naturelle & inhérente, de courir vers ce Centre commun, & de se raprocher par conséquent du tout, dont ils ne font que de très petites parties. Pour peu que l'on examine ce sentiment, on y remarque plus de vanité & d'orgueil, que de probabilité &

de

de vrai-semblance. En éfet, n'est ce pas avoir bien de la présomption, que de vouloir assigner des bornes à la toute puissance de Dieu, & déterminer la forme d'un aussi grand ouvrage qu'est l'Univers : car enfin, qui nous a révélé de quelle maniére il est construit ? S'il a la figure d'une sphére, comme la voute inférieure & concave des cieux, jusqu'où nous pouvons porter notre vûe le represente? à cause qu'elle contient plus qu'aucune de toutes les autres, & qu'elle est plus susceptible de mouvement ? ou si c'est plutôt un cube, ainsi que saint Jean, un grand homme parmi nous, le prétend dans son Apocalipse ? ou bien parce que six, qui est la quantité des faces, qui bornent ce corps, est un nombre parfait, suivant la définition qu'en donnent les Mathématiciens ? Que savons nous si c'est un dodécaèdre, vû qu'il est parlé dans le sacré livre de nos saintes Loix, de douze portes, par lesquelles les élus auront entrée dans la Jérusalem céleste, pour m'acommoder au langage des Chrétiens ? Qu'il y a eu douze Patriarches parmi les Juifs, douze Apôtres de Jesus Christ, que la Lune fait douze revolutions dans un an ; que le Zodiaque contient douze signes; que les Cieux des Planètes, le Firmament, les deux Cristalins, le premier mobile, & le séjour des bien heureux, sont au nombre de douze &c? Ou si on le peut comparer à quelque autre corps régulier, quel qu'il soit ; comme il faudroit qu'il fût nécessairement, puis que s'il étoit irrégulier, il seroit impossible que son centre fût commun avec celuy du Globe terrestre ? Bien loin, Messieurs, de déterminer, ou la figure, ou le Centre de ce grand tout, il est seur que nous n'avons aucune idée de ses extrémitez, & je suis persuadé par moy même, qui suis homme comme les autres, qu'il n'est personne au monde, qui après les avoir placées aussi loin que son imagination est capable de les étendre, se puisse empêcher de se demander; qu'y a-t-il encore au de là ? Ne nous opiniâtrons pourtant pas à leur disputer ce point, acordons le leur, si vous voulez ; ne leur contestons pas même la preéminence de l'homme, contre laquelle néanmoins nous aurions bien sujet de nous récrier, s'ensuit il de là que ce Centre soit l'endroit du monde le plus honorable ? c'est ce que je ne conçois pas. Je say bien que dans la société civile, lors que trois hommes marchent ensemble, celuy qui est au milieu, ocupe le poste d'honneur, mais je n'ignore pas aussi que ces formalitez là, au lieu d'être universelles, sont quelquefois tout autres, ou du moins indiférentes ailleurs. La droite est icy l'endroit le plus honorable, en Turquie c'est la gauche, dans une chambre, ce n'est point le milieu qui est la première. Il y a de même moins d'honneur à être au Centre d'une Armée, que de se trouver à l'arriére garde ou à son front. Et si dans les Assemblées publiques, où les femmes ont entrée, on les met ordinairement au milieu, c'est plutôt pour les environner, & les garder, que pour les honorer de la première place. On me dira

peut

peut être ; que les exemples que j'alégue, ne sont guére aplicables au sujet dont il est question, puis que suposé que les cieux soient ronds, & les luminaires placez dans des cercles qu'ils parcourent pour l'utilité du genre humain, il est clair que nous ne pouvions pas être dans un endroit plus avantageux, & plus commode, qu'est celuy qui en est également distant de tous côtez. Mais outre que nous pourrions icy considérer la terre comme une femme, ou le bagage d'une Armée, il n'est pas vray que les cercles que décrivent les Planètes, soient concentriques avec le Globe que nous habitons : Ptoloméc luy même est d'un sentiment contraire dans son Sistème Astronomique; & nous entendrions bien autre chose, si nous donnions un moment audience à Copernic. Cependant, je veux bien par complaisance, leur passer encore celuy-cy : mais que l'on me dise donc par quel moyen les parties de la terre connoissent le Centre de la Sphére, dont il arrive quelquefois qu'on les détache, & ce qui leur donne les facultez d'agir, & de se pousser elles mêmes, lors que rien ne s'opose au penchant qu'on prétend qu'elles ont de s'en raprocher. Les simples, les pierres, les métaux, les minéraux, ont ils de l'intelligence, sont ils douez d'esprit & de raison ? Une substance matérielle & inanimée est elle capable de suivre, comme un chien, par l'odorat, par l'ouïe, ou par tel autre sens que l'on voudra, la chose dont il dépend ? On atribue aux plantes une ame végétative,

B 4   com-

comme on en donne une sensitive aux bêtes, mais je n'ay jamais entendu qu'on assigne à un caillou une ame cursitive ou suivitive, par laquelle il soit en état, comme seroit par exemple, un enfant, de suivre, si vous voulez sa mere, lors qu'il a besoin de son secours, ou qu'il desire d'être uni à elle. Cette opinion est donc absurde, ridicule, & indigne d'une plus longue discussion, ce que nous en avons dit, le prouve évidemment, & le temps, qui coule insensiblement, m'oblige de passer à une autre. Les Auteurs du second sentiment, que nous avons à combatre, admettoient quatre Elémens, pour principes de tous les êtres corporels sans exception : savoir la Terre, l'Eau, l'Air, le Feu. Le premier de ces Elémens devoit être le plus dur & le plus solide, parce qu'il sert de marchepié à l'homme, le plus excellent des animaux. L'eau, qui luy est aussi d'une très grande utilité, suit après; l'air troisiéme en rang, dans lequel il respire, & qui tempére la vehémente chaleur de son sang, surnage encore à celuy-là : & le quatriéme, qui est le feu, compose, disent ils, un Ciel, ou une région, qui est située immédiatement au dessus de la Lune. Ces élémens, qui sont arrangez l'un sur l'autre avec ordre & par étages, sont de natures fort diférentes les unes aux autres. Le premier est froid & sec ; le second froid & humide; Le troisiéme chaud & humide; & le quatriéme chaud & sec. Il est impossible vû cette grande diversité, que les parties de l'un

s'acommodent avec les parties de l'autre: elles sont incompatibles; de sorte que lors qu'il arrive qu'elles se trouvent séparées de leur masse, elles sont forcées d'abandonner le lieu qu'elles ocupent alors, & de voler avec toute la promtitude possible pour la rejoindre & en augmenter le volume de leur quantité: ce qui arrive par une certaine antipatie, à l'égard de ce qu'elles fuyent; & de Sympatie par raport à ce qu'elles vont chercher, qui leur sont comme naturelles, & que Dieu lui même leur a imprimées en les créant. De là vient que les pierres, l'eau, & généralement tous les corps, que l'on apelle pesants, ayant de l'aversion pour l'Air, lors qu'ils s'en trouvent environnez, & à quelque distance de leurs semblables, le quitent précipitemment, & tombent avec violence, jusques à ce qu'ils rencontrent quelque autre corps impénétrable qui les arrête, & s'opose à leur cours de haut en bas. Et c'est encore pour la même raison que les parcelles ignées, que le feu, par sa grande agitation, détache du bois, de la houille, ou de quelque autre matiére combustible, montent, & tendent avec tant de rapidité vers le Ciel, dont elles ont été séparées, ou auquel elles apartiennent; & pour lequel elles ne cessent d'avoir une inclination, qui ne se sauroit exprimer. Cette opinion, qui a été suivie de la plupart des grands hommes de l'antiquité, & que bien des gens de notre siécle ne rejettent pas encore, me paroît aussi mal fondée que la précédente; car outre qu'elle

supo-

supose que des substances purement matérielles sont capables de dicernement & de choix, elle établit pour élémens & principes des êtres naturels, les choses du monde les plus composées : ce qui, bien loin de devoir être admis ne mérite pas seulement d'être réfuté. Les deux sentimens suivans sont à la vérité un peu plus simples que les autres, en ce qu'ils ne présuposent qu'un seul apétit dans les corps, qui est de vouloir tous décendre, ou d'incliner tous à monter ; mais ce peu de diférence ne leur donne pas de si grands avantages sur les précédents, qu'on ne soit obligé de les rejetter, pour les mêmes raisons qui ont déja été aleguées. Remarquons, Messieurs, avant que de passer outre, que selon les quatre opinions, dont j'ay eu l'avantage de vous entretenir, la cause de la chute des corps, ou de leur tention vers les parties les plus éloignées du Globe terrestre atribuée à eux mêmes, dans la cinquiéme, qui est celle, à laquelle nous allons nous arrêter un moment, on prétend qu'ils n'y ont absolûment aucune part, mais que la masse de la terre doit être considerée comme la mere des parties qui en sont detachées par quelque cause que ce soit, & qui a la puissance de les rapeller, & de les forcer à se rejoindre à elle, comme à leur sujet principal, & ainsi du reste. La raison de cette atraction, disent ils, est la même que celle qui se fait d'un morceau de fer par l'aiman ; car comme cette pierre contient dans ses pores une grande quantité de petites parties, qui étant dans un mouvement

con-

continuel, s'étendent jusqu'à une certaine distance déterminée, s'il arrive qu'un morceau de fer se trouve dans la sphére de leur activité, elles s'acrochent aux fibres imperceptibles qui le composent, & en s'en retournant l'atirent ainsi petit à petit, jusques à ce qu'il soit colé à cette pierre mistérieuse. Cecy se voit à l'œil, c'est un fait qui ne sauroit sans témérité être révoqué en doute, mais quoi que l'autre ne s'aperçoive pas avec la même évidence, il se fait sans doute pourtant de la même maniére. La terre est un grand aiman, dont les parties ont aussi la faculté d'atirer, par exemple, une pierre, lors qu'elle en est separée, & qu'elle n'est retenue là où elle est que par l'eau ou l'air qui l'environne de toutes parts. Suposons, pour comprendre cette vérité, continuent ils, que la premiére fois qu'un aveugle soutient un poids de fer d'une livre pesant sur sa main, un autre tient à son insceu, un aiman droit dessus, qui a la vertu d'atirer aussi la pesanteur d'une livre; il est évident que ce poids doit paroître d'autant plus pesant à l'aveugle que l'atraction de l'aiman est éficace, c'est à dire que ce qui pour un autre ne pése éfectivement qu'une livre, doit luy sembler en peser deux; de sorte que si cet homme ne manie jamais de fer qu'on ne le trompe de la même maniére, il aura toute une autre idée de sa pesanteur que nous n'avons, & soutiendra au péril de sa vie qu'il est à peu près une fois plus pesant qu'un autre métal, quoi qu'il soit au contraire le plus leger de tous.

B 6

tous. Nous sommes tous des aveugles, disent ces Messieurs, par raport aux principales opérations de la nature : nous n'apercevons pas l'air dans lequel nous existons, parce que nous y sommes nez, qu'il est trop subtil pour ébranler nos organes, sur lesquels il ne fait ny plus ny moins d'impression, que l'eau fait sur les poissons, qui en ignorent aussi l'épaisseur, & qui ne sentent pas dans leurs mouvemens, qu'elle leur fasse la moindre resistance, s'entend, quand l'un & l'autre est dans son état naturel, & que l'air & l'eau ne sont point agitez par des causes étrangéres. La Matiére que nous respirons a beau vouloir s'échaper à nos sens, les recherches curieuses que nous avons faites de ses diférentes qualitez nous ont fait assez connoître que comme elle a de l'extention, elle a aussi de la pesanteur, & qu'elle ne peut être au fond considérée que comme un liquide composé de parties assez grossiéres. Disons de même qu'encore que ce soit la terre, qui est cause de la chute de tous les corps, en ce qu'elle les atire vers elle, parce qu'elle est au dessous de nous, & notre main entre elle & la pierre, par exemple, que nous tenons dessus, nous nous imaginons aisément que sa vertu ne peut aller jusques là, au lieu que nous sentons considérablement la violence que fait cette pierre, par sa pesanteur, ou impulsion, pour s'aprocher de la masse, dont elle a été séparée, ce qu'elle continue de faire jusques à ce que l'obstacle,

cle, qui l'empêche de décendre, soit entiérement ôté. Un homme qui n'a jamais vû la nature à nud, qui n'a confideré fes excellents ouvrages qu'au travers des voiles épais, dont elle afecte de fe couvrir pour nous cacher la fimplicité avec laquelle elle les produit, ou qui s'en raporte aveuglément à ceux qui paffent dans la Société pour favants, & fe font arrogé le titre de Doctes, ne fauroit s'empêcher d'avouer que ce raifonnement eft fort, qu'on ne fauroit parler plus jufte, & qu'il eft impoffible d'inventer une explication, fur la caufe de la pefanteur des corps, plus fubtile, mieux fuivie, & qui quadre mieux avec les aparences, que celle que nous venons de vous raporter : cependant il eft conftant que fi nous y faifons un peu de reflexion, & qu'en véritables Philofophes, nous en examinions avec foin les tenans & les aboutiffans, nous trouverons infailliblement qu'il y a beaucoup d'ignorance, ou infiniment de la malice, & je ne fay pas même fi on pourra s'exemter de luy atribuer l'un & l'autre tout à la fois. En éfet, n'eft ce pas être ignorant & méchant de fe fervir impunément d'un miftére pour en déveloper un autre, & de s'ingérer de lever une dificulté, par une autre dificulté, qui depuis le commencement du monde jufqu'au fiécle précédent, & même jufqu'à celuy-cy peut on dire, a été cachée aux plus clairvoyants. Les anciens n'ont jamais connu au vray la vertu de l'aiman ; ils en ont ignoré les éfets, & n'ont abfolument rien fçeu de leurs cau-

causes. Ils ont bien vû que cette pierre étoit capable d'atirer le fer, ou que deux aimans étant mis l'un auprès de l'autre, s'aprochoient, lors qu'ils étoient dans une certaine situation, & se fuyoient au moment qu'on les mettoit dans une autre, mais la manière en laquelle cela se faisoit, a toûjours été pour eux un secret, qu'ils ont été incapables de pénétrer: de manière qu'ils ont été obligez d'avoir recours à la Sympatie, aux qualitez ocultes, & à d'autres semblables emplâtres, propres à couvrir une ignorance crasse, dont ils ne vouloient nullement convenir. Il s'en est pourtant trouvé parmi eux, comme je viens de le faire comprendre, qui n'étant pas contents de ces termes mistérieux, ont mieux aimé dire que puis qu'un aiman n'atire le fer que depuis les extrémitez d'une certaine distance déterminée, il faloit nécessairement qu'il sortît de cette pierre une matière subtile, qui formât des filets, capables de s'insinuer dans les pores du fer, & de servir comme de bras & de mains à l'atirer insensiblement jusques à ce qu'il se trouve joint à la pierre. Mais l'avantage que ceux-cy prétendent avoir au dessus des autres, par ce petit raisonnement, est fort peu considérable, ce qu'ils avancent n'est qu'une simple conjecture mal fondée, qui est si éloignée de la vérité, qu'elle n'en a seulement pas les aparences. Car outre que ces filets imaginaires sont, suivant leur propre aveu, contigus, ou composez de petites parties détachées les unes des autres,

quand

quand même ils feroient continus, & comme autant de petites verges faites d'une piéce, il n'est pas possible de rien concevoir dans l'aiman qui soit capable de les retirer à soy, & de faire par conséquent aprocher le fer, dans lequel leurs extrémitez les plus éloignées se feroient nécessairement ou acrochées, ou enfoncées : à moins que l'on n'atribue à cette pierre une ame connoissante, & que l'on n'imagine dans les parties, qui en sortent, des esprits, des nerfs, des muscles, des tendons, ou quelque chose d'équivalent à ce que nous voyons dans les animaux, pour faire de telles operations ; ce que je ne pense pas qui soit encore venu dans la pensée de qui que ce soit. Acordons leur néanmoins, nonobstant ces obstacles invincibles, que le monde étant plein, ces rayons de matiére subtile sont tellement dirigez, que n'y ayant que celuy, qui sort du Centre de l'aiman, lequel va en droite ligne vers le fer, les autres y entrent tous de côté, à proportion que les endroits d'où ils viennent en sont éloignez, & que les particules de cette matiére, n'étant point poussées ou agitées par d'autres qui les suivent immédiatement, ou qui leur viennent à la traverse, sont comme autant de petits dards, qui ne font que sortir & rentrer, d'où s'en suivroit cette prétendue atraction : comment se tireront ils d'afaire, lors qu'il s'agit de la cause pour laquelle deux aimans, qui étant posez l'un auprès de l'autre, de maniére que leur pôle de même nom se regardent, se fuyent & s'é-
loignent

soignent jusqu'à une certaine distance? pour moy j'ignore qu'ils ayent seulement essayé d'en donner la moindre raison, & que le plus habile d'entre eux n'ait été contraint d'avoir recours à l'antipatie ; ce qui fait assez voir la foiblesse de tous leurs raisonnemens. Avec tout cela on peut dire que c'est de cette source fangeuse, & de ce principe faux & très mal entendu, qu'ils prétendent tirer la force de l'argument dont ils se servent pour soutenir leur hipotèse. Le Globe terrestre, disent ils, est un aiman, comme nous l'avons déja remarqué, lequel a la même puissance à l'égard de tous les corps en général, que l'aiman au sujet du fer en particulier, & une preuve incontestable de cette vérité, c'est que plus un caillou, par exemple, qui tombe de bien haut, aproche de la superficie de la terre, plus son mouvement augmente, & sa chûte se fait avec impétuosité : ce qui ne peut venir que de ce que les rayons magnétiques de la terre sont plus éficaces en bas qu'en haut, & que leur force diminue à mesure qu'ils s'en éloignent. Il est constant que si on laisse tomber une pierre de cent verges de haut, & qu'elle parcoure dans une tierce de temps, un espace, par exemple, d'une verge, elle en parcourra trois verges dans la seconde tierce, puis cinq dans la troisiéme, sept dans la quatriéme & ainsi toûjours deux verges de plus jusqu'à la fin de sa course. De là il suit que les sommes des espaces, que parcourt un corps en tombant, sont justement les quarrez des temps que

que ce même corps employe pour décendre : c'est à dire que comme le premier moment est la racine de la premiére verge, le second étant ajoûté au premier, donnera la racine deux de quatre, qui est la somme de la premiére verge, & des trois autres que le corps a parcourues pendant le second moment : tout de même, les trois premiers momens pris ensemble, font la racine des neuf verges, qui ont été parcourues pendant ce temps là, savoir une au premier, trois au second, cinq au troisiéme, & ainsi des autres. Mais pour montrer qu'en ce qu'ils aléguent même pour exemple, les bonnes gens sont très mal fondez, c'est que si on laisse tomber une pierre de la hauteur d'une verge seulement, elle n'ira pas plus vîte pendant le premier instant, qu'elle feroit si on la laissoit tomber de cent, ou de mille verges : puis qu'il est seur que si la rapidité de la chute étoit causée par une vertu atractive de la terre, les corps qui tombent tout près de sa superficie, dévroient décendre aussi vîte que font ceux qui viennent de bien haut. Et il ne faut pas s'imaginer qu'il y ait des exceptions dans cette régle, elle est incontestablement générale, aussi bien dans les mouvemens les plus composez, que dans les plus simples ; c'est à dire lors qu'un corps est chassé & démené par un tourbillon de vent impétueux, ou qu'il décent le long du toit d'une maison : que lors qu'il tombe perpendiculairement à terre. Les curieux de la plupart des Royaumes de l'Europe sont convaincus de cette véri-

vérité, autrement il est aisé de s'en assurer par le moyen de quelques tubes ou tuyaux de verre, divisez en des parties qui sont l'une à l'autre dans la même proportion que j'ay marquée cy dessus, ou faute de verre, que nous n'avons point icy, il faut prendre des tubes de fer blanc ou de bois, percez à jour d'un bout à l'autre, car alors on verra avec plaisir que les petites bales, ou autres corps semblables que l'on fera passer au travers, observeront à la rigueur la même régle, dans ceux qui penchent comme dans les droits, quoi qu'ils tombent beaucoup plus lentement dans les uns que dans les autres, à proportion que leur inclination est grande ou petite, & cette inclination pourroit tellement aprocher du niveau, qu'un corps auroit besoin d'autant de temps pour traverser un espace d'un pouce, qu'un autre qui tomberoit perpendiculairement, en mettroit pour en parcourir un de cent pieds. Pour en faire l'expérience il n'y a qu'à décrire sur une muraille un cercle d'une telle grandeur que l'on voudra, & ayant pris un nombre indéfini de points sur sa circonférence, aranger des tuyaux de diférente longueur, de maniére que l'une de leurs extrémitez aboutisse à l'un de ces points, & l'autre à l'endroit du cercle qui touche le plan horisontal sur lequel il repose, ou le bout de celuy de ses diamètres, qui est tiré droit de haut en bas : car toutes les dragées que l'on jettera en même temps dans ces diférens tubes, dont les uns seront, si l'on veut, dix, cent, mille

le fois plus longs que les autres, parviendront dans le même inſtant à terre, ou les traverſeront dans une même quantité de temps. Et c'eſt pour la même raiſon, & pour obſerver cette même proportion au juſte, que les temps des vibrations d'une pendule ſont toûjours égaux, quelque diférence qu'il y ait dans ſes excurtions, ou allées & venues. Comme ſi, par exemple, ayant ataché au planché une ficelle de trois pieds deux pouces de longueur, à l'autre extrémité de laquelle il pende une petite bale, on met cette machine en mouvement, en la tirant de ſa prémiére ſituation, on trouvera au commencement, auſſi bien qu'à la fin, c'eſt à dire lors que cette bale s'étend auſſi loin que la corde à laquelle elle eſt atachée le permet, ou qu'elle ne ſort preſque plus du lieu de ſon repos, que chaque allée & venue ſe fait préciſément dans une ſeconde, ou dans la ſoixantiéme partie d'une minute d'heure, qui eſt dans la plupart des hommes ſains & robuſte à peu près un batement de poux. Quoi que cela ſoit fort curieux, & d'une grande utilité dans la ſociété, il ne laiſſe pas d'être aſſez aiſé à comprendre, puis qu'il n'y a qu'à s'imaginer que le clou, où la pendule eſt atachée, eſt le Centre d'un cerclé, dont elle fait le demi diamètre, & duquel la bale décrit des arcs, ou des parties, grandes ou petites, ſuivant la rapidité ou la lenteur de ſon mouvement, & que chaque fois que la bale décent d'un côté ou de l'autre, c'eſt comme s'il décendoit une dragée dans l'un
des

des tubes que nous avons tantôt suposez s'étendre depuis la circonférence d'un cercle jusqu'à son point d'atouchement ou extrémité de son diamètre perpendiculaire : l'un & l'autre est en éfet la même chose. J'ajoute de superflus à tout ce qui a été dit, qu'il n'est pas vrai-semblable que la vertu magnétique de la terre soit uniforme, & qu'elle agisse par tout également à une même distance. La superficie du Globe que nous habitons est trop entrecoupée & composée de trop de diférentes parties, pour être par tout capable des mêmes éfets. On a beau faire un feu d'une excessive grandeur, & l'entretenir dans un état qui paroisse toûjours le même, il est constant qu'il agira diféremment, suivant la diférence des corps qui seront exposez à son action, & qu'il aura, par exemple, plutôt agité & échaufé un vaisseau plein d'eau de quatre doigts, que de quatre pieds de profondeur ; & plutôt dissout un Lingot de plomb, qu'un d'or d'égale grosseur, de même, il n'est pas concevable que les prétendues petites parties de la terre, qui doivent atirer les corps, ayent autant de puissance après avoir traversé trois ou quatre cents brasses d'eau de mer, qui est souvent dans une agitation prodigieuse ; que si elles n'avoient rencontré que du sable, ou quelque autre matiére semblable, fixe, & composée de parties, qui laissent entre elles des intervales assez considérables pour leur acorder un passage entiérement libre. La terre même, quelque uniforme qu'elle nous paroisse,

roisse, lors qu'on la considére comme la cause principale & éficiente de tous les alimens qui servent à la nourriture des animaux, produit les plantes d'une même espèce si diférentes les unes des autres, qu'elles se ressemblent souvent aussi peu que les climats les plus éloignez & les plus diférens. Sa vertu n'est donc pas par tout égale à elle même; cependant la chute des corps est la même en quelque endroit du monde que l'on aille, par tout on y observe la même proportion. Gallien nous en assure par l'expérience qu'il en a faite en plusieurs endroits, & cela a été confirmé par tant de grands hommes après lùy, qu'il n'est pas même permis d'en douter pour peu que l'on veuille passer pour raisonnable. Toutes ces opinions étant ainsi sufisamment réfutées, il reste de faire voir, Messieurs, en quoi consiste la véritable cause de la pesanteur & de la légereté, & de montrer que le sixiéme sentiment, que nous devons maintenant examiner, est le seul qui soit soutenable, & conforme aux loix du mouvement de haut en bas & de bas en haut. Pour faire comprendre cette vérité avec ordre, il faut établir pour constant, ce qui se confirme tous les jours par l'expérience, savoir que tous les corps qui tournent en rond, tendent à s'écarter de leur Centre commun, ou du cercle qu'ils décrivent, à proportion de leur figure, de leur solidité & de leur agitation. Il n'y a pour s'en convaincre, qu'à se servir de l'exemple d'une fronde, puis qu'il qu'il est évident que suivant que la pierre qu'on y renferme est pesante ou légére, & que ses périodes sont lents ou précipitez, celui qui la tourne autour de sa main, comme autour de la circonférence qu'elle décrit, sent naivement que l'éfort qu'elle fait pour s'en éloigner, est de même grand, petit ou médiocre, & que l'un répond parfaitement bien à l'autre. De sorte que si la pierre est légére, & qu'elle échape d'une fronde que l'on tourne lentement, peut être ne s'écartera-t-elle pas de dix pieds, au lieu qu'elle ira à plus de cent si elle est pesante, & que l'action de celuy qui l'agite soit violente. La même chose se remarque encore aux roues des chariots, qui passent par des chemins sales & fangeux, en ce que la boue qui s'y atache, tombe presque perpendiculairement à terre, lors qu'elles roulent lentement, & au contraire, elle rejaillit, & franchit une distance considérable, quand le mouvement en est fort rapide. Suposons outre cela que la terre tourne autour de son Centre en vingt quatre heures de temps, d'Occident en Orient. C'est une suposition qui est fort aisée à faire, puis qu'il n'y a plus que les ignorans, & quelques personnes préocupées & entêtées des vieilles opinions, qui ne soient persuadez de la vérité de cette hipotêse, qui se démontre à l'heure qu'il est, pour ainsi dire, Mathématiquement, au lieu qu'il y a des absurditez dans les autres, qui les rendent ridicules; il est seur que les parties du feu, lesquel-

quelles font les plus agitées, devront paffer devant, que celles de l'air, qui le font moins les fuivront, qu'en fuite celles de l'eau viendront après, & qu'enfin les parties terreftres, comme les plus lentes à fe mouvoir, feront forcées de refter le plus près du milieu de cette grande maffe qu'il eft poffible. Les chofes étant difpofées de cette façon, notre queftion eft réfolue, il eft inutile de vous en entretenir davantage, & je m'affure qu'il n'y a pas un de mes auditeurs, qui ne foit capable d'en faire maintenant l'aplication. Pour vous en éviter pourtant la peine, Meffieurs, venons en à l'expérience, prenons une pierre, & nous difpofons à la jetter en l'air, avec toute la roideur dont nous fommes capables : Vous voyez bien que la force que nous employerons pour l'éloigner de nous, luy ouvrira le paffage, & la fera même monter avec affez de rapidité ; mais ce progrès, bien loin d'aller à l'infini, ne fauroit être feulement une minute égal à foy même, comme il le feroit infailliblement toûjours fi toute l'étendue étoit un vuide, au lieu qu'il n'y a pas le moindre efpace qui ne foit abfolûment plein : ainfi cette pierre ne fera pas fortie de notre main qu'elle ne heurte de toutes parts, à un nombre innombrable de petits corps, qui quoi qu'extrémement fubtils, ne laifferont pas de luy faire obftacle, & de ralentir fon mouvement petit à petit, & dans la même proportion en diminuant, que j'ay dit cy deffus qu'obfervent en augmentant tous les corps pefants, auffi long-
temps

temps qu'ils décendent, jusques à ce qu'ils prévalent, selon les loix de la nature, qui nous enseigne qu'un corps, qui est agité, communique de son mouvement à ceux qu'il rencontre, jusques à perdre entièrement celuy qu'il avoit, suivant pourtant les ocasions, qui varient, & sont en éfet fort diférentes : alors la colonne d'air dans laquelle se trouve la pierre, ayant moins de force à s'éloigner, de la quantité de mouvement qu'elle a de moins qu'un égal volume de matière subtile, les autres prendront infailliblement les devans, & contraindront la pierre à se raprocher de la terre, pour ocuper leur place, qui autrement resteroit vuide, jusques à ce qu'elle en ait ateint la superficie. Cette régle est générale, aussi bien dans l'eau que dans les airs. En éfet, une pierre jettée du fond d'un étang, par un plongeur, vers sa partie supérieure, ne décend pas non plus qu'après avoir rencontré dans son passage une quantité infinie de petites parties aqueuses, qui ont ralenti sa course, & que la colonne d'eau, où elle se trouve, ayant aussi moins de mouvement que d'autres colonnes semblables, pour s'éloigner du fond, & tendre de même vers le haut, de la quantité qu'un volume de pierre en a moins qu'un égal volume d'eau, elle céde aux autres ; car alors il est nécessaire que cette pierre retourne vers l'endroit, d'où elle avoit été poussée avec violence. Et cela est tellement vray, que si au lieu d'une pierre, on prend un morceau de chêne, ou
d'au-

d'autre bois massif, dont une certaine quantité, par exemple d'un pied cubique, pése dans une balance, justement autant qu'un égal volume d'eau, il restera dans l'endroit du liquide où on le mettra, ou nagera de maniére que l'une de ses faces sera de niveau avec sa superficie : au lieu que si le bois a moins de solidité, on verra qu'il surnagera à l'eau, à proportion qu'il contiendra peu ou beaucoup de sa propre matiére. Remarquons icy en passant, que comme il y a de plusieurs sortes de bois, & qui diférent même si considérablement, qu'au lieu que l'un est plus pesant que l'eau, ce qui fait qu'il va au fond, il s'en trouve au contraire, de si léger qu'il surnage presque tout entier à l'eau dans laquelle on le plonge : de même on remarque une si grande diférence entre les corps des hommes, qu'au lieu que les uns coulent à fond, les autres flotent, & restent naturellement en haut, aussi bien de l'eau douce que de l'eau salée. La raison de cette diférence n'est pas selon moy, fort dificile à comprendre, pour peu que l'on réfléchisse sur la construction du corps humain : car il est constant que suivant que sa chair, ses os, ses nerfs & ses autres parties sont épaisses, pressées, & solides ; que ses poulmons sont grands ou petits, ou que son ventre a peu ou beaucoup de capacité, toute sa masse prise ensemble, doit être égale, plus pesante, ou plus légére, qu'un volume d'eau, qui luy est égal en grosseur, & floter, on enfoncer, suivant la proportion

Tome II. C *qui*

qui se trouve entre eux. Sur quoi il faut admirer l'ignorance de certains peuples, qui condamnent à la mort, comme autant d'insignes Sorciers, ceux qui sur la simple acusation de leurs ennemis, étant liez, & jettez à l'eau, sont assez malheureux pour rester au haut de sa superficie; d'où s'ensuit leur condamnation: au lieu qu'ils auroient été absous s'ils avoient été de quelques onces plus pesants. Je me suis baigné plusieurs fois dans le Rhin en Hollande, avec un Gentilhomme de la Province d'Utrecht, qui flotoit toûjours, en quelque posture qu'il se mit, & j'en ay vû un autre de mes propres yeux peser dans la Saone, qui est une fameuse riviére de mon pays, dix onces seulement, qui étant mis à terre dans le plat d'une balance, égaloit le poids de cent-cinquante six livres. D'où il paroît que si ses parties avoient été un peu plus poreuses, & que sous le même volume où il étoit compris, il eût été d'onse ou douse onces plus léger, il est clair qu'il auroit surnagé à l'eau de cette riviére, & qu'ainsi il eût pu, aussi bien que le précédent, être mis au rang des Sorciers dans la Westphalie, & être brulé tout vif. De tout cecy nous pourrions tirer diverses conséquences pour l'intelligence de bien des machines hidrauliques: je me contenteray pour ce coup de vous faire voir combien il est aisé, suivant les principes que nous venons d'établir, de savoir ce que pése, non pas une de vos chaloupes seulement, mais un de nos vaisseaux marchands, ou un navire

vire de guerre, avec tout son équipage, sans qu'il soit besoin de poids & de balances, lors qu'il est dans une eau assez profonde pour le porter. Car puis que le volume d'eau qu'occupe un corps qui flote, doit autant peser que tout ce corps, tant sa partie qui est au dessus du niveau de ce liquide, que celle qui se trouve enfoncée au dessous, il est évident que comme il n'y a aucune dificulté à mesurer par les régles de la Géométrie, la partie d'un vaisseau, qui est au dessous de la surface de l'eau, il est de même facile de parvenir à la connoissance de la pesanteur de l'eau, qu'elle ocupe, & par conséquent de celle de tout le bâtiment. Suposons par exemple, pour satisfaire notre curiosité, qu'ayant examiné la longueur, la largeur, & la profondeur, de la partie d'un vaisseau, qui est au dessous du niveau de l'eau, on trouve son contenu de vingt quatre mille pieds cubiques : pensons outre cela qu'on sache à point nommé, qu'un pied cubique d'eau salée pese soixante & dix livres ; si on multiplie un de ces nombres par l'autre le produit, qui se montera à un milion six cents soixante huit mille livres, sera incontestablement le poids du bâtiment avec tout ce qu'il y a dedans. Et que l'on ne me dise pas que cette loy de la nature, quelque invariable que je prétende qu'elle soit, est souvent démentie par l'expérience ; comme lors que de petites éguilles de verre ou d'acier, qui sont sans contredit beaucoup plus pesantes qu'un égal volume d'eau, ne laissent

sent pas de floter sur ce liquide, au lieu qu'elles dévroient tout d'un coup se précipiter au fond, puis que de telles contradictions n'ont simplement que l'aparence, & qu'elles sont incapables de donner la moindre ateinte aux régles constantes que nous venons d'établir. En éfet, si on prend la peine de chercher la cause de ce rare phénomène, on trouvera qu'elle ne consiste qu'en ce que l'air grossier se conserve le passage libre entre ces petits corps & la superficie de l'eau, & qu'ainsi il les soutient & les empêche de couler à fond : ce qui est si vray qu'aussi tôt que cela manque, il n'est pas possible d'en faire floter une seule. Au reste, comme l'air des poissons, qui est l'eau, est extrémement grossier, au prix de celuy que nous respirons, de même je croy qu'il y a une prodigieuse diférence entre cet air terrestre, & celuy qui est au dessus de notre Atmosphére : & qu'au lieu qu'un corps qui est d'une légéreté à ne se pas faire sentir dans l'eau est un fardeau considérable sur la terre, il est aparent qu'une masse d'une pesanteur horrible dans cet air pur & fort éloigné de nous, dévroit n'entrer en aucune considération dans celuy qui rafraîchit nos poumons. Concluons, Messieurs, que ce que j'ay dit icy de quelques corps en particulier, se doit entendre aussi de tous les autres en général, lors qu'on les considére, comme ceux cy, dans leur état naturel : car autrement ils pourroient avoir de certaines qualitez empruntées & artificielles, qui produiroient en eux des éfets

fort

fort diférents de ceux dont nous venons de vous aléguer des exemples. C'est ainsi qu'une bombe, qui est une machine, dont on se sert parmi nous pour brûler & renverser les villes de nos ennemis, étant bien remplie de poudre, & d'autres semblables matiéres combustibles, qui augmenteront le poids de sa masse de fer, ira infailliblement au fond de l'eau, où je supose qu'elle sera tombée par accident, pour les raisons qui ont été sufisamment déduites ci dessus ; mais il est seur que si elle y prend feu, comme sa composition peut être préparée à cela, son agitation deviendra si violente, que non seulement elle s'en tirera elle même, elle montera bien avant dans les airs : & l'expérience nous aprend qu'un boulet de canon pourroit être poussé si haut, qu'il ne reviendroit peut être jamais plus à terre : mais l'explication d'un phénomène si curieux & si extraordinaire mérite bien que nous nous en entretenions une autre fois dans un discours particulier, d'autant plus qu'il est temps de mettre fin à celuy-cy, & que j'aurois peur de lasser votre atention si je m'étendois plus sur cette matiére. Permettez moy seulement, Messieurs, de vous faire remarquer que comme les corps sont forcez de descendre par une Loy, dont ils ne sauroient se dispenser ; les esprits, au contraire, ont généralement du penchant à monter, & à s'élever jusqu'au centre de toutes choses. Dieu, ne pouvant monter plus haut, s'élève jusqu'à luy même, il se borne à considérer avec plaisir la grandeur immence

mence de ses infinies perfections. Les Anges, les Esprits bien heureux, s'élèvent jusqu'au Trône de cet Etre Souverainement parfait, & sont tellement éblouis des rayons éclatans de sa face glorieuse, qu'ils sont contraints de se couvrir de leurs aîles, pour éviter d'en être incontinent consumez. Enfin les hommes ont de l'inclination à quiter la terre, & à se porter vers le Ciel, non seulement comme vers le lieu de leur demeure éternelle ; mais parce qu'étant le siége de la sagesse, où il n'habite, ny impureté, ny ignorance ; il semble que nos esprits soient dans un desir perpétuel de découvrir continuellement de nouvelles véritez ; d'étendre tous les jours leurs lumiéres, & de s'aprocher par là, pour ainsi dire, de celuy qui est véritablement la source de toutes les connoissances du monde. Il est vray que ce desir de connoître n'est pas également grand dans tous les mortels ; comme il y a des corps qui descendent avec beaucoup plus de rapidité que les autres, il y a aussi des esprits qui font des éforts tout particuliers pour s'élever au dessus de ceux de leur espéce. Pour en faire l'aplication à moy même, je puis dire, sans vanité, que je suis du nombre de ceux, qui n'envisagent point de hauteur, à laquelle ils n'aspirent de parvenir. J'ay eu dès ma plus tendre jeunesse du penchant pour les sciences, mes parens n'ayant pas les facultez nécessaires à remplir mes vûes ; je me déterminay d'assez bonne heure à quiter le monde, & à me mettre en Religion.

La

La Providence n'a pas jugé à propos de m'y faire finir mes jours, elle m'en a tiré dans un temps, où j'étois encore aussi propre à continuer mes études que jamais. J'ay profité de ma vigueur, de mon âge, & de l'occasion que j'avois dans une des premiéres universitez de l'Europe, de consulter de très habiles personnages. Le Ciel a béni mes veilles, & j'ay considerablement perfectionné en Hollande, ce que je n'avois qu'ébauché dans mon Pays. J'avoue pourtant ingénument que quelques progrès que j'aye faits dans les Mathématiques, je n'ay jamais eu la présomption de penser au Professorat: je trouvois cet Emploi trop relevé pour un homme de ma portée, & je ne l'envisageois ordinairement que comme un degré éminent, qui n'étoit destiné qu'aux Savans du premier Ordre, & ausquels la nature a donné des talens tout particuliers pour se bien énoncer. Le Roy seul est cause de mon élévation, c'est luy qui m'a mis la palme à la main, & qui veut que le moindre de ses sujets & de ses disciples fasse desormais dans ses Etats la glorieuse fonction de Docteur & de Maître. Ouy, Sire, c'est à vous que je suis redevable de l'honneur que j'ay aujourd'huy de faire un véritable pas de Géant, & de porter mon vol jusques dans les nues. Vous avez voulu, comme un Aigle fort, vigoureux, & acoutumé à respirer un air libre & éloigné des parties basses de la terre, me permettre, à moy, qui nepuis être comparé qu'à un roitelet, de monter à la faveur

d'une

d'une de vos aîles, plus haut que mon imagination n'avoit été capable de me porter. C'est une grace singuliére que je ne méritois pas, mais de laquelle je tâcheray de me rendre digne, & dont je vous remercie du plus profond de mon cœur. Votre intérêt, mes chers Auditeurs, vous engage à en avoir la même reconnoissance : je n'en auray que la gloire, vous & vos enfans en aurez tout le profit ; j'auray la peine d'enseigner, & vous le plaisir d'aprendre. Je ne vous demande pour récompense de mon travail, que de la diligence, de l'émulation, & un peu d'estime. A cette condition vous pouvez hardiment fréquenter mes leçons particuliéres & publiques, & je tâcheray de vous y donner toute la satisfaction que vous en pouvez légitimement espérer.

Aussi tôt que j'eus achevé mon discours la Musique recommença, en suite de quoi le Roy me vint témoigner qu'il s'aplaudissoit luy même du choix qu'il avoit fait de ma personne pour enseigner publiquement les sciences : il se servit à ce sujet de plusieurs expressions, que j'aurois de la confusion de reciter, & que peu de gens auroient de la peine à croire être sorties de la bouche d'un homme sincére. Après m'avoir félicité dans les formes, il se recula, & fit signe aux autres d'en venir faire autant. Quand ces cérémonies furent achevées, nous nous en retournâmes dans le même ordre que nous étions venus, sans aucune diférence, sinon
qu'au

qu'au lieu d'aller chez moy, le Roy voulut que nous le remenassions à sa maison, où nous fumes agréablement surpris de trouver la table mise, & un magnifique repas qui nous atendoit. Bénédon nous traita comme des Princes, & afin que le régal fût complet, il nous fit boire tant de Pithson que chacun eut de la peine à retrouver son logis. L'été suivant il fit savoir aux habitans des autres villes qu'il avoit un Philosophe à Cambul, qu'il avoit honoré du titre de Professeur, que jamais il n'avoit vû un si grand homme, & que s'ils vouloient luy envoyer leurs jeunes gens, pour en prendre des leçons, il étoit persuadé qu'ils en auroient toute la satisfaction imaginable. Il en vint éfectivement d'abord une centaine au moins, qui étant joins à ceux que j'avois déja, faisoient ensemble un Collége aussi considérable que j'en aye vû à Louvain. Tous les jours nous nous exercions deux heures en particulier, & de jour à autre, je donnois une leçon publique d'environ quarante minutes. Quoi que tout le monde fût assez assidu, il s'en faloit pourtant bien que les progrès qu'ils faisoient fussent proportionnez à mes peines. Les gens ont là le jugement assez bon, mais ils ont l'esprit pesant, & ne conçoivent les choses, qu'on tâche de leur inculquer, qu'avec beaucoup de lenteur & de dificulté. J'en ay vû qui répetoient jusques à trois fois un argument, avant que d'avoir pû comprendre s'il étoit bien dans les formes, & si l'on pouvoit nier l'un de ses

ses membres avec quelque aparence de raison : d'où il paroît qu'ils ne valent rien pour la dispute, & que la Métaphisique n'est point du tout leur fait. Plusieurs d'entre eux aprirent parfaitement bien l'Arithmétique, à connoître les étoilés au firmament, à prendre leurs hauteurs, à calculer leurs distances : en un mot, ils voyoient assez clair à tout ce qui étoit joint à quelque figure, ou qui pouvoit fraper les sens ; au lieu que pour peu que les choses dont on les entretenoit, fussent abstraites & détachées de la matiére, ils paroissoient décontenancez, & il leur faloit bien du temps pour s'en former une idée, qui souvent étoit encore confuse & imparfaite. Ils ne laissoient pourtant pas d'être contens comme des Rois des petites lumiétes qu'ils aquéroient par mon moyen. Ils avoient pour moy tout le respect imaginable, & citoient jusques aux moindres paroles que je prononçois, comme des sentences & des oracles, ausquels il n'étoit pas permis de contredire. Cela étoit immancable, lors qu'il s'agissoit d'une dispute de science, la question étoit terminée du moment qu'à l'exemple des diciples de Pitagore, quelqu'un s'avisoit de dire αὐτὸς ἔφα, le Maître l'a dit. Il n'y avoit point de plaisir qu'on ne s'éforçât de me procurer, point de jour que je ne fusse invité en plusieurs endroits, ou à un repas en forme, ou à une belle colation ; de sorte que j'avois lieu d'être le plus content de tous les hommes. Cependant quand je venois à faire réflexion

sur

sur mon travail, sur l'éloignement de ma Patrie, & sur l'impossibilité, qu'il y avoit d'amasser jamais un sou dans un Pays, où il ne faisoit que de commencer à paroître de méchantes pieces de fer dans le commerce, il me venoit souvent dans l'esprit de hasarder mille vies, si je les avois eues, pour tâcher de regagner l'endroit d'où j'étois venu. Dans ces entrefaites il nous arriva une afaire qui pensa terminer tous mes soins, & me mettre à couvert de mon inquiétude. J'étois couché, & je dormois d'un sommeil assez profond, parce que je m'étois fatigué à veiller, & qu'il y avoit bien trente heures que je n'avois point pris de repos, lors qu'un bruit épouvantable d'un nombre infini de personnes, qui crioient au feu de toute leur force, m'éveilla en sursaut. Je sautay à bas du lit, mais la fumée, qui avoit gagné jusques dans ma chambre, devenant de moment en moment plus épaisse, me déroboit la vue de la plupart des objets, je commençay en même temps à avoir de la peine à respirer; je gagnai pourtant enfin la porte, mais lors qu'il fut question d'aller plus loin, je ne trouvais aucune issue nulle part, & ne savois absolument où j'étois. Dans cet embaras je me mis à crier au secours. Un de mes écoliers, auquel j'en seray redevable toute ma vie, entendant ma voix plaintive de loin, eut pitié de son Maître, & sans regarder au danger où il s'exposoit, vint à moy, & me prit la main. Suivez moy, Monsieur, me dit il & marchez vîte, ou vous courez risque

que d'être brûlé. En éfet, nous eûmes de la peine à nous sauver : quelque diligence que j'euſſe faite, je ne pus pas éviter de paſſer au travers d'une flamme ardente, qui emporta tout le poil de mon habit, mais dont je ne receus en mon corps aucune incommodité conſidérable : le bonheur voulut que nous trouvaſſions bien tôt un eſcalier par où nous pûmes monter, & nous tranſporter en un lieu où nous avions la liberté de reſpirer. Etant un peu revenu à moy, je m'informay de la cauſe de cet épouvantable embraſement, mais je n'en pus aprendre aucune nouvelle poſitive. On me dit en ſuite que le magaſin des proviſions de bois & de houille pour la maiſon du Roy, & pour la grand-garde, avoit pris feu, ſans que l'on ſe fût aperceu de quelle manière : on ſoupçonnoit un domeſtique de la Cour, que le Colonel avoit maltraité au nom du Roy, parce qu'on luy avoit entendu dire un moment après qu'il ſauroit bien en tirer vengeance. Il fut examiné là deſſus, mais il nia tout, & ce n'étoit qu'un jeune homme de dixhuit ans qui l'acuſoit, il n'y avoit point d'autres témoins. Ce qu'il y a là de pitoyable, dans ces ſortes de rencontres, c'eſt que l'on eſt renfermé, & que par conſéquent on eſt en danger d'étoufer de la fumée, qui tue éfectivement plus de gens que le feu même, & qui met tout le monde hors d'état d'agir. On eut beau alors ouvrir les portes des montées & les ſoupiraux, cela & rien étoit à peu près la même choſe; le feu ne s'arrêta point

que

que tout ce qu'il y avoit là autour ne fût consumé : soixante cinq personnes y périrent, & si on n'avoit pas eu la précaution de rompre, & d'emporter d'abord ce qu'il y avoit de matiére combustible aux environs de ce magasin, l'Hôtel du Roy couroit risque d'avoir la même destinée, ce qui auroit incontestablement coûté la vie à bien des gens. Bénédon eut aussi bien que moy, de la peine à se sauver, parce qu'il étoit posté dans un endroit, où lors qu'il fut averti, il n'y avoit point d'autre passage que celuy que j'avois franchi, pour se tirer d'afaire. Le danger où ce Prince avoit été, luy fit faire une Loy par laquelle celuy auquel il arriveroit de mettre le feu en quelque endroit que ce fût, & de quelque maniére que cela avînt, seroit fouetté publiquement, ou auroit l'oreille droite coupée, afin de rendre les gens plus soigneux, & d'empêcher par là, que l'on ne vît si souvent de semblables malheurs dans la ville. La premiére fois que je l'allay voir du depuis, je le loüay hautement de sa prudence, & luy dis qu'il convenoit en cela avec les Peuples de l'Europe les plus sages & les mieux policez, qui imposent aussi des peines, ou font payer de grosses amendes à ceux ausquels il arrive de même, de mettre le feu à leur propre maison, ou ailleurs. Cette matiére nous donna ocasion de causer assez long-temps ensemble : sur tout je n'oubliai pas de m'étendre sur les seaux de cuir, les echelles, les crocs, les

seringues, & les autres diférentes machines, que l'on a aux Pays-bas, pour remédier promtement aux plus grands embrasemens, & en prévenir les suites. A propos de machines, me dit il, cela me fait ressouvenir de celle dont vous nous avez dit un mot en passant, à la fin de votre oraison, & de laquelle vous pretendez tirer un boulet qui sera porté assez avant dans les airs pour ne point retomber à terre. Est ce un jeu, une énigme, une opinion surannée de quelque Antousiaste du vieux temps, ou étoit ce pour faire alusion à quelque endroit cité auparavant, auquel je n'ay pas pris garde? qu'est ce? qu'entendez vous par là? expliquez vous, je vous en prie, car à vous parler franchement, je n'y comprens absolûment rien. Il est vray, Sire repliquai-je, que cela paroît un paradoxe à ceux là mêmes qui se sont exercez dans la connoissance des arts: pour moy j'en fus tellement surpris la premiére fois que l'on m'en parla, que je ne daignai pas seulement y répondre. Cependant j'ay trouvé dans la suite que c'est une question de fait, qui se démontre clairement, & qui a été diverses fois confirmée par l'expérience. He bien, reprit Bénédon, je ne vous laisserois point aller presentement que vous n'eussiez satisfait à ma curiosité sur ce sujet, qui est assurément admirable, mais j'atendray que vous vous aquitiez de votre parole, & en entreteniez le public, comme vous le luy avez promis. Je ne saurois vous le cacher, je vous vois volontiers en chaire, vous vous
énon-

énoncez parfaitement bien, vous êtes clair, il n'y a rien dans votre stile qui embarasse vos Auditeurs, & vous avez un feu & des gestes qui enchantent : tout cela fait beaucoup d'impression sur mon esprit. J'avoue que s'il se rencontre alors quelque obstacle, on n'a pas la liberté de vous faire des objections, & de vous engager à lever la dificulté qui arrête, par quelque exemple familier, ou une plus grande discution : mais ce n'est pas une afaire, nous nous voyons tous les jours, il est bon d'avoir quelque chose à se communiquer dans la conversation, elle est toûjours agréable quand elle est un peu animée, & qu'il est permis d'y ergoter. Je suis ravi, Sire, continuai je, de ce que j'ay le bonheur de vous agréer, je ne m'en atribue pourtant point la cause, je croi plutôt que c'est un éfet de bonté & de prévention, qui vous fait admirer tout ce que je fais. Je m'en vay me préparer, Sire, & demain à notre heure acoûtumée je tâcheray de vous contenter sur le sujet dont il est question. Bon, dit le Roy, je me rendray de bonne heure à l'auditoire, de peur de vous faire atendre : mais au moins soyez court, quand les matiéres sont dificiles, & qu'il faut avoir l'esprit si long-temps bandé pour les comprendre, cela lasse, & j'en ay mal à la tête deux jours après. Dès que j'eus quité le Roy, il envoya sans mon sçu, avertir tous les Chioux, & les Oficiers, de ce qui se passoit, ceux là le communiquérent incontinent à d'autres, & ainsi tout
Cam-

Cambul étoit instruit de mon dessein douse heures avant que je fusse en état de l'exécuter : de manière que, lors qu'il fut question de me rendre au lieu destiné à donner més leçons publiques, les rues qui aboutissent à la Cour du Palais, étoient si pleines de monde, qu'il étoit impossible que j'y passasse. Le Roy commençoit à s'impatienter quand j'arrivay, & il s'en seroit retourné infailliblement si j'avois tardé dix minutes de plus à paroître. Je connus bien en l'aprochant qu'il n'étoit point du tout content, quoi qu'il me vît à son ordinaire, mais cela ne dura qu'un moment, je m'aprochai de luy, & luy dis ce qui avoit été cause que j'avois passé mon heure de quelques momens. De là je montay en chaire avec une grande robe des plus belles peaux de ce Pays là, que Bénédon m'avoit fait faire de son propre mouvement, après m'avoir entendu raconter de quelle manière les Ecclésiastiques, & les Doctes du premier ordre, sont habillez dans les autres Pays, & je recitay le present.

DISCOURS,

Par lequel je démontre pourquoi un boulet tiré d'un canon pointé perpendiculairement vers le zénit, ne retombe point à terre.

Sage, puissant, & redoutable Monarque &c.

Tant que les hommes ont jugé des éfets de la nature par les aparences, & que bien loin de consulter la raison, ils n'ont envisagé le monde que des yeux du corps simplement, il est seur qu'ils ont toûjours jugé faux: Leurs meilleurs raisonnemens n'ont été que des conjectures, & souvent même ils ont été obligez d'avouer que la plupart des choses qui se passent dans l'Univers, ne se font que par des vertus secrétes, qui leur étoient absolûment cachées & inconnues. Mais depuis que l'on s'est avisé de se servir des yeux de l'entendement, que l'on ne s'est pas contenté d'envisager de loin, & assez tranquilement, dans le parterre du grand tout, les artificieux mouvemens des machines subtiles & naturelles, que le Suprême, & incomparable machiniste du monde faisoit agir sur le téatre à son opéra; & qu'ayant pénétré jusqu'au derriére du rideau, qui jusqu'alors avoit borné notre vue, on a dé-

découvert les cordes, les poids, & les roues, qui donnoient le branle à tant de diférens objets, & causoient une si grande admiration aux spectateurs, on a trouvé le secret d'expliquer fort clairement, ce qui avoit passé autrefois pour surnaturel, incompréhensible, & souvent même pour magique. Du temps des anciens, la nature étoit d'une grande épargne dans son dessein, & d'une magnificence extraordinaire dans ses opérations : au contraire, on remarque aujourd'huy qu'elle exécute à très peu de frais, le dessein le plus grand & le plus magnifique. Il n'y a, pour ainsi dire, plus rien de caché dans la phisique : ce qui a passé pour un paradoxe, est devenu parmi nous un axiome. L'aiman ne travaille plus qu'à découvert, le flus, & le reflus de la mer, ne donnent plus la gêne aux Philosophes. Les mouvemens des Comètes sont devenus reguliers ; on connoît l'origine des vents, la cause du tonherre, la formation des météores ; en un mot, on donne l'explication de tout, & si le hasard nous a premiérement apris que lorsqu'on décharge une piéce d'Artillerie pointée perpendiculairement vers le zénit, la bale qui en sort ne retombe point à terre, la Philosophie nous fournit des raisons fortes & évidentes pour indiquer la cause d'un phénoméne, qui paroît d'ailleurs si contraire à l'opinion que la plupart des hommes en ont. C'est de ce bel & rare sujet que j'ay résolu, Messieurs, de vous entretenir pendant quelques momens : mais comme je suis dans la pensée qu'il n'a jamais été expliqué à fond par d'autres, je crois que pour vous en donner une idée claire & distincte, il ne sera pas mauvais d'examiner un peu la nature en elle même, & de considérer atentivement les causes, avant que d'en venir aux éfets. Mais dira-t-on, cette explication que vous prétendez donner, sera-t-elle une proposition réelle, ou simplement chimérique ? J'avoue que d'abord je l'ay prise moy même pour une fixion, au lieu que je la croy presentement incontestable. La raison que j'ay pour cela est que l'auteur d'un certain livre, qui est assez connu dans le monde, sous le titre de Récreations de Mathématiques, en parle comme d'un fait, que l'on ne doit pas révoquer en doute. Plusieurs écrivains célèbres sont dans les mêmes sentimens. Le Révérend Pére Mersenne en a fait l'experience plusieurs fois, comme il paroît par la soixante seize, cent six, & cent onsiéme lettre du second volume de Monsieur des Cartes, qui l'en avoit fortement sollicité : & enfin, après un sérieux examen, je trouve que cela quadre si bien avec les principes de la Philosophie de cet Auteur moderne & entendu, qu'il est impossible que l'un subsiste, à moins que l'autre ne soit véritable. Pour être convaincus avec moy de cette vérité, allons à la source, prenons les choses de loin, & imaginez vous, s'il vous plaît, que la Providence ayant résolu dans son Conseil éternel de produire, & de tirer, pour ainsi dire, du sein du néant, un monde visible, en créa

pre-

premiérement la matiére, & que l'ayant divisée en un nombre innombrable de petites parties de même figure, ou à peu près, luy imprima une certaine quantité de mouvement, qu'elle a conservé jusqu'à cette heure. Cette pensée est simple, naturelle, & n'implique aucune contradiction. Une conséquence que j'en tire, est que n'y ayant point de vuide dans la nature, il est évident que pas une de ces parties n'a pu se mouvoir en ligne droite, qui est pourtant le mouvement le plus simple, qu'on se puisse representer, que les autres, dont elle est allé prendre la place, ne se soient mues circulairement, pour venir remplir le lieu qu'elle ocupoit auparavant, & qu'ainsi il ne se soit formé un cercle, d'une quantité plus ou moins grande, de ces particules, selon que la prémiére a eu peu ou beaucoup de force, à avancer dans la route qu'elle avoit prise, & de plusieurs cercles semblables, joints immédiatement l'un à l'autre, une sphére, une sphéroïde, ou si vous voulez, un tourbillon. De là il paroît que comme il est vraisemblable qu'il y a un grand nombre de parties, qui ont commencé à se mouvoir en ligne droite, il s'est formé aussi une quantité considérable de ces tourbillons. Si l'on suit cette pensée pié à pié, il est aisé de s'appercevoir que les particules de la matiére se heurtant sans cesse par ce mouvement continuel, ont enfin perdu leurs Angles, & sont devenues toutes rondes. Il y avoit donc alors de deux sortes de corps, savoir des
sphé-

sphériques, fort propres à se tourner sur leur Centre, & en plusieurs autres différentes façons: & d'autres, qui étant provenus des premiers, lors qu'en se choquant, & se frotant, ils se sont arondis en perdant leurs angles, étoient extrêmement subtils, flexibles, & capables de remplir exactement tous les intervales que plusieurs corps ronds laissent nécessairement entr'eux, de quelque maniére qu'ils se joignent. Je sçay bien qu'une divisibilité semblable, & qui va presque à l'infini, n'est pas aisée à concevoir, mais elle n'est pourtant pas impossible. Il n'est point de Géométre, pour peu qu'il soit versé dans son métier, qui ne sache que plus un corps est petit, plus sa superficie est grande à raison de sa masse, ce qui fait, lors qu'il est agité, & transporté d'un lieu en un autre, qu'il rencontre d'autant plus d'autres corps, dont l'éfort, auquel il ne peut absolûment résister, est si considérable, qu'ils le brisent, & luy font soufrir à chaque instant de nouvelles divisions. Ces deux formes des parties de la matiére, sont les deux premiers élémens de tout ce qui existe dans le monde. Si maintenant nous nous apliquons à considérer exactement le lieu que ces particules doivent nécessairement ocuper dans leur tourbillon, nous trouverons que les plus subtiles, ou celles que nous avons dit être proprement la taclure des autres, & que nous apellerons à l'avenir les parties du premier élement, se sont pour la plupart rassemblées

dans

dans son Centre, au lieu que la moindre partie se tient dans les Intervales ou petits espaces qu'il y a entre les rondes; & que les sphériques ou parties du second élement, remplissent les autres espaces de ce tourbillon, & s'aprochent de ses extrémitez à proportion de leur grosseur & de leur agitation: ce qui se confirme par l'expérience, en ce que nous voyons tous les jours que plus un corps qui est mû en rond, est solide, plus il fait d'éfort pour s'écarter du Centre du cercle qu'il décrit. Si nous voulons être pleinement convaincus de cette vérité, prenons un vase de pierre blanche, rond, à fond plat, & dont les bords n'aient qu'un pouce ou deux de hauteur : remplissons le jusqu'environ à la moitié, d'eau claire, jettons dans cette eau de la limaille de fer, & de la poudre de notre terre jaune ou rouge; mettons en suite sur ce vase un couvercle de bois, où il y ait un trou au milieu, afin de pouvoir voir par là dans le vaisseau ce qui s'y passe, & qu'il faudra enduire d'argile autour des bords, de peur que l'eau n'en sorte lors qu'on viendra à l'agiter : enfin atachons cette machine sur un tour de potier, qui tourne sur un pivot, & mettons la en mouvement. Nous verrons d'abord avec plaisir, que les parties du fer, étant les plus solides, fuiront le milieu, pour s'aller ranger contre la superficie concave du vase, au lieu que celles de la terre, qui sont plus légéres, n'en aprocheront qu'autant que celles là le leur permettront. Au contraire,

du

du moment que l'on aura arrêté le tour, le fer, dont le mouvement se ralentit le premier, s'aprochera petit à petit du milieu, la terre se rangera immédiatement au dessus tout à l'entour, & l'eau, qui en qualité de liquide, reste toûjours agitée, s'étendra seule jusqu'aux bords. Voicy l'endroit où, si je ne me trompe, il seroit fort à propos de vous faire remarquer deux choses ; la premiére, à quoi personne ne s'est peut être encore avisé de prendre garde, que le Sittème, que l'on attribue à Ptolomée, & où la terre est considérée comme immobile, est absolûment insoutenable, puis que suivant ce que nous venons de dire, si le premier mobile tournoit d'Orient en Occident dans l'espace de vingt quatre heures, comme ce grand Astronome le prétend, le Globe que nous habitons, les Planètes en général, & tout ce qui a plus de solidité que la matiére subtile, seroit jetté avec impétuosité vers la superficie concave de ses parties les plus éloignées de nous : & la seconde, que c'est proprement dans la tention de ces parties du second élément, ou dans l'éfort qu'elles font, pour ainsi dire, à s'éloigner du Centre de leur tourbillon, que consiste la nature de la lumiére, en ce que c'est par leur moyen que le milieu de chaque amas de matiére en particulier, jusqu'à une certaine distance, nous doit paroître lumineux, & se representer aux yeux de ceux qui en sont un peu éloignez, comme un Soleil, ou une étoile fixe : mais il n'est pas question de cela.

la. Confidérons plutôt que par une Loy indispensable, & les régles invariables du mouvement, de tous les tourbillons de l'Univers, les Poles des uns sont tournez, autant qu'il se peut, vers l'Equateur des autres, qui les environnent. Cette situation est nécessaire, tant pour leur conservation, qui seroit autrement de courte durée, puis que leurs parties tenant une même route, & ayant ocasion de s'entremêler, ils seroient confondus dans le moment, & ne pourroient faire aucune résistance l'un à l'autre : qu'à cause que les parties de la matiére subtile, qui se trouvent aux environs du plus grand cercle que chaque tourbillon décrit, étant quelquefois entraînées par leur extrême agitation jusque hors des bornes de sa dépendance, sont à portée, & ont la commodité d'entrer dans d'autres par leurs Poles. Ce qui toutefois, pour le dire Icy en passant, ne se peut faire commodement, ces particules étant si moles & flexibles, qu'elles ne prennent point la forme d'une vis, parce que les espaces que laissent entre eux, trois Globes du second élément, par où il faut nécessairement qu'elles passent, sont triangulaires, & se continuent de travers ou en biaisant. Ce changement de figure n'empêche pourtant pas qu'elles ne puissent conserver le nom de premier élément, tandis qu'elles ne sont point augmentées en leur masse : mais il arrive assez souvent que leur forme embarassante fait que ne pouvant pas agir avec la même liberté que les autres, lors qu'elles sont par-
venues

venues jusqu'au Centre de leur nouveau tourbillon, elles s'acrochent aisément, & forment sur le corps d'un astre les taches que nous remarquons sur la surface du Soleil, par le moyen de nos meilleurs télescopes, & qui y sont quelquefois en si grande abondance, que ses rayons ne les pouvant pas bien pénétrer, en deviennent beaucoup moins éclatans. Cependant cela se dissipe avec le temps, ny plus ny moins que l'écume des liqueurs, que l'on fait bouillir dans un pot, laquelle est renversée ou précipitée vers le fond, par l'impétuosité des bouillons, qui la surmontent. Et c'est alors que les parties canelées ou à vis, dont cette écume s'est formée, sur le dessus d'une étoile, qui n'est autre que l'assemblage des parties du premier élément, qui sont renfermées au milieu d'un tourbillon, prennent un autre nom: parce que plusieurs demeurant acrochées ensemble, leur volume en devient considérablement plus gros, ce qui fait qu'on leur peut justement atribuer les qualitez qui sont nécessaires au troisiéme & dernier élément, duquel la terre & l'air sont composez. Comme il arrive que les taches dont nous venons de parler, sont anéanties, & les parcelles qui les composoient, réduites à leur premier état, il peut aussi se rencontrer qu'elles deviennent si massives, si épaisses, & d'une si prodigieuse étendue, qu'elles couvrent enfin tout l'astre, qui a servi à leur production, à quoi le trop peu de matiére subtile, que

D   les

les tourbillons qui environnent celuy-là, luy envoyent, peut beaucoup contribuer. De même aussi après la formation de cette premiére croûte ou couverture, si les tourbillons qui l'avoisinent luy envoyent plus de parties du premier élément qu'ils n'avoient acoûtumé ; elle pourra être comparée à une boîte, ou aux bords d'une riviére, qui ne pouvant pas contenir la matiére, que l'on voudroit y renfermer, s'en trouvent couverts, envelopez, & environnez de toutes parts. Cet écoulement de matiére subtile au dessus de la superficie d'un corps lumineux, ne se peut faire qu'il ne la rende plus polie & plus dure avec le temps, quoi que cela n'aille pourtant jamais jusqu'à fermer aux parties cancelées les passages qu'elles y avoient fait dès le commencement. Cela étant, les mêmes causes qui avoient concouru à la production d'une premiére écorce, le peuvent encore à l'égard d'une seconde, d'une troisiéme, & de plusieurs autres ; tellement qu'au lieu d'un corps lumineux, qu'un astre étoit avant cette premiéré envelope, & qu'il auroit pu rester, si la matiére du premier élément fût demeurée fluide au dessus, sans qu'il s'en fût formé une seconde, il devient un corps opaque, qui ne donne plus aucune clarté que par réflexion. Ajoutons à cela, Messieurs, que si ensuite la pesanteur de ces croutes diminuë la force du tourbillon, qui les renferme, & que sa situation, entre ceux dont il est environné, leur aporte quelque obstacle

cle dans leur mouvement, il est seur qu'il sera peu à peu miné, & enfin emporté avec impétuosité par le plus fort d'entr'eux, duquel il sera contraint de suivre le cours, conservant pourtant toûjours la faculté qu'il avoit de tourner autour de son essieu, par le moien de la matiére subtile, qui est restée dans son intérieur, c'est à dire sous la premiére des taches qui l'ont couvert; de sorte qu'il continuera de faire un tour en un certain temps sur luy même, comme fait par exemple la terre, dans l'espace de vingt quatre heures, & un tour en un autre, autour de celuy qui est au Centre du tourbillon, où il est décendu, comme est celuy que fait la même terre autour du Soleil, en trois cents soixante cinq jours, cinq heures, quarante neuf minutes, & seize secondes : pendant que l'un de ses Pôles incline plus ou moins vers le plan de l'Equateur de son principal, à quoi il est contraint par la matiére du premier élément, qui sort du milieu des deux tourbillons, qui correspondent le plus à ses Pôles; & au cours de laquelle il s'acommode aisément pour la recevoir, ainsi que fait la Planète que nous habitons, à l'égard du Soleil, sur le plan de l'Equateur, de laquelle l'axe incline dans notre siécle de vingt trois degrez & demi : ce qui est cause, comme chacun le sait, du changement des saisons, & de la diférence des jours & des nuits, pour tous les Peuples qui habitent au deçà ou au delà de la ligne Equinoxiale. De plus, il faut encore remarquer que lors qu'un tour-

tourbillon est ainsi emporté par un plus puissant, il doit, suivant les régles du mouvement, & ce que nous avons alégué cy devant, être nécessairement poussé vers son Centre, pendant qu'il est moins agité que les parties qui l'environnent, jusques à ce qu'il en soit à une telle distance que l'action & la pesanteur respective de la colonne de matiére, qui luy correspond, puisse le contrebalancer. Si au contraire, il est fort solide par la quantité ou épaisseur de ses croûtes, & en même temps dans une grande agitation, il ne sera pas plutôt dans l'enceinte de celui qui l'a englouti, qu'il en remontera avec rapidité, & passant d'un tourbillon dans un autre, deviendra proprement ce que nous apellons une comète; au lieu que s'il demeure vers le bas, comme je viens de le dire, il portera le nom d'étoile errante, de Planète, ou de terre. Tout cela est arrivé depuis le commencement du monde, suivant la connoissance que nous en avons, à seise astres diférens dans notre tourbillon, savoir Mercuré, Venus, la Terre, la Lune, Mars, Jupiter, Saturne, & neuf autres, qui n'ont point d'autres noms sinon de Gardes ou Satellites, parce qu'il y en a quatre, qui comme la Lune, laquelle fait ses révolutions autour de la Terre, tournent sans cesse à l'entour de Jupiter, & cinq autres autour de Saturne. Si ces astres eussent été d'une même grandeur, ou d'une solidité, & dans une agitation proportionnée à leur masse, étant décendus dans le tourbillon du Soleil,

ils

Ils seroient tous restez à une égale distance de son Centre, ce qui auroit sans doute causé de la confusion, mais cela étoit humainement parlant impossible, aussi n'est il arrivé qu'à une partie d'entr'eux, & encore y avoit il quelque diférence. Mercure, étant le plus petit & le moins solide, s'est allé placer le plus près du Centre du Soleil. Venus, un peu plus grande, en est considérablement plus éloignée. La Lune & la Terre se trouvoient à peu près dans une même route, mais la Terre étant environ quarante fois plus grande qu'elle, l'a absorbée dans son tourbillon, dont elle suit encore le cours, achevant son mois périodique en vingt sept jours & demi, pendant que comme les autres Planètes, elles sont l'une & l'autre emportées par la matiére dépendante du Soleil, qui les environne de toutes parts. Mars, quoi que plus petit que la Terre, est néanmoins plus éloigné qu'elle du flambeau commun qui les illumine : ce qu'il ne faut point trouver étrange, puis qu'il est assez ordinaire de voir des corps contenir beaucoup plus de leur propre matiére que ne font d'autres, qui d'ailleurs leur sont supérieurs en grandeur. Jupiter avec ses Lunes suit après ; & Saturne acompagné des siennes, en est le plus éloigné. Il faut ajouter à tout cecy que chaque tourbillon tournant autour de son propre Centre, fait les mêmes éfets, à l'égard de la matiére qui le compose, que celuy du Soleil par raport à la sienne propre, & des Planètes dans laquelle elles nagent,

puis que, comme il a été dit, tous les corps qui tournent en rond autour de leur Centre commun, tendent à s'en éloigner, à proportion de leur grandeur, de leur solidité, de leur agitation, & de leur figure. D'où je tire en passant cette conséquence, que l'or, qui se trouve dans la croûte supérieure de la Planète où nous demeurons, étant composé de parties dures, mais flexibles, & incapables de ressort, & qui ont peu de force pour continuer leur mouvement en ligne droite, doit être le plus proche du Centre; & qu'ensuite doivent venir les autres métaux, suivant les degrez proportionnez à leur composition : que la terre faite de parties grossières & irrégulières, en toutes façons, en doit être à une plus grande distance : qu'après la terre doit suivre l'eau ; & qu'enfin l'air, que nous respirons, & qui est proprement un tissu de petites particules branchues & délicates, doit se trouver placé au dessus de tous les autres, dont il fait néanmoins aussi partie, & non pas de notre tourbillon général, au milieu duquel est le Soleil ; de même que l'eau est sensée faire partie de la même terre, bien que ce soit proprement l'air des poissons, & qui, comme on en peut mesurer la hauteur au dessus de la superficie de ce grand corps, par le moyen de l'eau renfermée dans les pompes aspirantes, ou dans mon pays, de tuyaux remplis de vif argent, fait assez voir qu'il pèse sur nous ; ce qu'il ne dévroit pas faire, s'il tendoit
aussi

aussi fort à s'en éloigner, que font toutes les parties qui sont au dessus de luy. Or la raison pour laquelle les parties métaliques ont moins de force pour continuer leur mouvement, est que la matiére du premier élément, qui est proprement leur cause motrice, trouve moins d'obstacle à passer par la terre, ou par toutes les croûtes inférieures qui la précédent, & qui couvrent notre astre, que ces petites particules; ce qui fait qu'elle prend les devans, les abandonne, & les force par conséquent à reculer & à décendre, ce qu'elles font avec d'autant plus de rapidité qu'elles se trouvent être solides. Au contraire, si ces mêmes parties métaliques, petites ou grosses, en barres, ou en forme de Bales à canon, pouvoient être portées au dessus de notre atmosphére, où elles ne nagetoient plus que dans une matiére subtile, il est évident que leur mouvement devroit augmenter, & peut être même surpasser celuy de la matiére qui les environneroit, comme l'on voit dans les grands fleuves que les corps pesants, comme pourroit être un Bateau, un Sommier, ou quelque autre chose semblable, continuent leur mouvement, à l'endroit des tournans, avec plus d'impétuosité, & en ligne plus droite, que l'eau qui les porte & les environne. Tout cela étant expliqué de la sorte, il n'y a pour venir au nœud de notre question, qu'à se figurer que la terre entiére est une Bale, qui au lieu qu'elle est tombée vers le Soleil, en a été poussée avec violence, puis que ce la revient à la même chose: elle n'est apuyée sur rien, il n'y a rien à quoi elle soit suspendue, cependant elle reste toûjours à peu près également éloignée de cet astre. C'est une vérité qui saute aux yeux, que la raison nous enseigne, & que l'expérience confirme, en ce qu'en quelque endroit du monde que l'on voyage, en Orient, en Occident, au Midi, au Septentrion, où mille & mille Européens ont été, l'air est par tout également libre, & toutes les autres choses, à cet égard, y sont disposées de la même façon. Cela étant ainsi, que l'on fasse maintenant un échange, que l'on prenne la Terre pour le Soleil, & notre Boulet de canon pour la Terre, il n'importe qu'il y ait de la disproportion dans leur grandeur, parce qu'il n'y en a pas moins dans les colonnes de matiére céleste qui les tiennent en équilibre: les pompes d'un pié de diamètre, portent aussi bien trente & un pieds d'eau, que celles qui n'ont qu'un pouce de circonférence, & l'air soutient également bien vingt sept pouces & demi de mercure dans un tuyau quarré, dont la racine a six pouces, que dans celuy qui n'a sa diagonale que de trois lignes seulement: en faisant cet échange, il sera aisé de conclure que l'un n'est pas moins possible que l'autre, & que si une Planète s'arrête à quelque distance du Soleil à cause que la colonne de matiére, qui lui correspond la contrebalance, une Bale étant une fois hors de notre Atmosphére, pourra de même circuler, & rester comme suspendue en l'air, à

une

une certaine diſtance de la terre. La plus grande dificulté que l'on pourroit trouver en cecy, eſt, ſi je ne me trompe, de faire monter une Bale au deſſus de l'air, ou de la région où ſe forment les météores, mais il me ſemble que puis que l'expérience en a été faite & réitérée pluſieurs fois par des perſonnes dignes de foy, on doit être perſuadé de cette vérité, & ne pas s'imaginer que parce qu'un canon ordinaire, étant pointé horiſontalement, ne porte pas une lieue ou deux, qui eſt tout au plus l'eſpace qu'ocupe au deſſus de la terre, cette matiére fluide, qui ſert continuellement à rafraîchir la maſſe de notre ſang, il ne puiſſe de même le faire lors qu'il eſt monté perpendiculairement. Il y a des preuves convaincantes, & de très bonnes raiſons, qui nous aſſurent du contraire, auſquelles je ne penſe pourtant pas qu'il ſoit néceſſaire que je m'arrête, dans une queſtion qui eſt purement de fait, d'autant plus qu'il n'y a point de Phiſicien qui les conteſte. Outre que ſi nous en voulons croire les Hiſtoriens des Pays-bas, un canon, que j'ay vû de mes propres yeux dans la place d'Armes du Papen-bril, à Boiſleduc, ſcié environ par le milieu, ce qu'un canonnier, porté de bonne volonté pour Meſſieurs les Etas de Hollande, & mal intentionné pour le Roy d'Eſpagne ſon maître, avoit conſeillé au Gouverneur de faire, ſous prétexte qu'étant plus court, la poudre perdroit moins de ſa force, & porteroit le Boulet beaucoup plus loin qu'il ne faiſoit :

cette piéce d'Artillerie, dis-je, envoyoit une Bale jusque dans la ville de Bomel distante de là au moins deux lieuës & demie en droite ligne, ce qui est plus loin qu'il ne faut pour satisfaire à notre question. Enfin on me dira peut être, que cette Bale n'ayant pas en elle même les principes d'un mouvement circulaire, comme je l'ay suposé dans la Terre, & dans les autres Planétes, où j'ay renfermé un grand amas de matiére subtile, qui les fait tourner autour de leur Centre dans un certain temps précisément, ne pourra rester long-temps à la même distance du Centre du tourbillon, où la rapidité de son mouvement & la matiére subtile l'avoient premiérement portée. J'avoue franchement que cette objection est très forte; mais on doit savoir que si une Boule bien ronde, & d'un métal bien poli, mise entre les deux pointes d'un tour, peut d'une seule secousse, qu'on luy donne, rester en mouvement pendant deux heures au moins, comme on en a fait cent fois l'expérience, il est vrai-semblable qu'un Boulet de canon, agité par le feu violent de plusieurs livres de poudre, & qu'on supose se trouver environné d'une matiére si subtile qu'elle ne fait presque aucun obstacle à son mouvement, doit durer non seulement des heures, mais des jours, des mois, & peut être des années. Après quoi quand ce Boulet viendroit même à tomber, ce pourroit aussi tôt être dans une autre Planéte que sur la terre; outre que cela ne diminue en rien la force

de

de ma démonstration, & de la rareté du phénomène, puis que le but de la question est proprement de faire voir pourquoi une Bale tirée de la maniére qu'il a été dit, ne retombe point incontinent à terre, suivant la nature de tous les corps pesans, que l'on jette en l'air, de quelque figure qu'ils soient. Voila Messieurs, en peu de mots, la solution de notre proposition, sur laquelle j'aurois pû sans contredit m'étendre davantage, si par trop d'éclaircissement, & une trop longue discution, je n'avois pas craint de me rendre obscur, & d'abuser de l'atention de mes Auditeurs. Il me reste seulement à faire remarquer aux amateurs des sciences que pour résoudre cette dificulté, il sufit de considerer premiérement l'étendue, comment cette étendue de matiére peut être divisée en des parties séparées les unes des autres, les figures que leur agitation produit; que bien que le mouvement le plus simple soit droit, plusieurs parties sont forcées de se mouvoir par des lignes circulaires: que de ces diférens mouvemens se forment des tourbillons, & ainsi du reste, en composant toûjours, suivant la métode des Géomètres, qui tiennent pour constant qu'il faut toûjours commencer par les choses les plus simples, en examiner toutes les parties, & se les rendre familiéres, avant que de passer aux plus composées dont elles dépendent. Or il est malaisé d'observer exactement ces régles, que l'on n'ait premiérement apris l'art de faire les comparaisons nécessaires pour découvrir les raports des figures & des nombres. C'est une vérité qui n'a pas été ignorée des anciens, puis qu'ils faisoient enseigner avec soin à leurs enfans l'Arithmétique, la Géometrie, & l'Algèbre. Ils savoient sans doute bien que ces sciences rendent l'esprit capable d'une pénétration, que l'on ne peut aquérir par d'autres études ; qu'elles règlent l'imagination, & luy donnent une certaine étendue de justesse, qui pousse, & conserve la vue claire de l'esprit, jusques dans les dificultez du monde les plus embarassées. Cela paroit par toutes les belles & subtiles questions, que les plus grands hommes ont résolues par leur moyen, par celle que je viens de vous rendre évidente ; & il le paroîtra encore plus visiblement, si à mon exemple, vous voulez bien, jeunes gens, vous engager sérieusement dans l'étude de ces nobles sciences, & vous prévalant de l'ocasion, accepter l'ofre que je vous ay faite, & que je vous réitére à l'heure qu'il est, de vous y servir de guide & de directeur, avec tout le zèle dont je suis capable.

Le Roy, qui paroissoit extrémement content, me voyant sortir de chaire, me fit signe d'aller à luy, il m'ordonna, sous prétexte que j'avois été court, de l'acompagner jusqu'à son Hôtel, & de prendre avec moy son Lieutenant, le Président des Chioux, & le Colonel de ses Gardes. Nous fumes encore parfaitement bien régalez ce jour là.

Etant

Étant à table, l'action que je venois de rendre, fut le sujet de nos entretiens, on ne parla de rien autre : ils ne se donnoient pas le temps réciproquement d'en dire leurs sentimens, chacun en vouloit causer au long & au large ; mais encore qu'ils criassent tous à la fois, je compris bien d'abord qu'ils ne m'avoient entendu, ny les uns, ny les autres. La matière leur étoit tout à fait nouvelle ; ainsi il n'étoit pas surprenant qu'ils n'eussent qu'une idée confuse de tout ce que je leur avois dit : aussi ne me firent ils que des objections puériles & ridicules, ausquelles il me fut bien aisé de répondre. Ces petites disputes assez mal fondées, & de peu d'importance, ne laissèrent pas de donner à Bénédon, qui avoit le moins parlé de tous, des ouvertures considérables pour l'intelligence de la question. Votre explication m'avoit plu, me dit il, mais je remarque bien présentement que j'étois fort éloigné de l'entendre, je commence seulement à y voir clair, & je me flate que pour peu que nous nous en entretenions en notre particulier, je n'y trouveray plus rien qui m'arrête. J'en dis autant que vous, Sire, continua le Président, il est seur que pour atentif que l'on soit, il est impossible de suivre un orateur si long-temps, qui traite d'une matière abstruse, & dont on n'a jamais ouy parler auparavant : il n'est rien tel, pour en tirer quelque fruit, qu'une conversation familière ; à chaque dificulté qui se présente, on peut faire une pause pour en demander l'éclaircissement, & si le Docteur ne les aplanit pas à la première fois, on luy fait de diférentes objections, & des demandes ausquelles il est obligé de répondre; & luy de son côté, se sert de tant d'exemples, & tourne les choses de tant de côtez, qu'à la fin il devient intelligible au plus stupide de ses Auditeurs. Il n'est pas besoin, reprit le Roy, que notre Professeur use de tant de reprises, il est toûjours clair autant qu'on le pourroit souhaiter, & il fait paroître naïvement par ses actions, & par les termes dont il s'exprime, qu'il sait ce qu'il dit, & que les idées qu'il en a sont nettes & distinctes,

Mésange adelaï, ramel temalaton ;
Duia Mémel aten simala peteion.

C'est à dire,

En belles qualitez Sire Mesange abonde;
C'est le plus grand Docteur, qui fut jamais au monde.

Voila, Sire, dis je alors, un impromptu à ma louange, qui vaut infiniment plus que le discours fait sur le canon, que vous mettez à si haut prix, puis qu'il a été quelque temps l'objet de mes méditations ; au lieu que les deux excellents vers que nous venons d'entendre, sont un éfet de votre savoir, de votre presence d'esprit, & de l'étendue de votre beau génie, vû que vous les avez dictez en causant, & sans la moindre
apli-

aplication. Je n'en ay jamais tant fait de ma vie, répondit Bénédon ; je ne suis nullement Poëte, & je dois atribuer la cause de cet antousiasme à votre presence, qui donne aparemment de l'esprit & du savoir à ceux qui ont le bonheur d'en jouir. Notre ville est heureuse de vous avoir, si vous vivez seulement encore dix ans, tous nos habitans seront Mathématiciens & Philosophes. Le reste de cette séance ne se passa qu'en complimens reciproques : ils s'éforçoient, tour à tour, à faire mon panégirique, & à exalter mes prétendus talens : & moy de mon côté, je m'étendois sur leurs mérites personnels, & sur la bonté qu'ils avoient de traiter si charitablement un étranger : de sorte que nous nous quitâmes plus contens les uns des autres que jamais. Quoi que je fusse extrémement ocupé à enseigner, je ne laissois pas de continuer à feuilleter l'Histoire de Cambul. Les enfans de Mérusol ne firent rien de remarquable, non plus que plusieurs de ses autres Successeurs : il en est pourtant bien dit des choses, mais je ne les trouvois pas dignes de les imprimer dans ma mémoire, ou de les rédiger par écrit. Je ne saurois néanmoins passer sous silence que le quatriéme Roy après ce Monarque, étoit un homme d'onse pieds de haut, & dont le corps, à l'endroit du ventre, en avoit neuf de circonférence, il se nommoit Hermenon ; sa femme étoit grande & grosse à proportion : jamais on n'avoit vû de tels monstres. Cette Reine eut quatre couches, chacune de

trois

trois enfans, la première & la dernière étoient de garçons, les autres de filles. Cela étoit assez singulier, mais ce qui me rend cette histoire un peu suspecte, c'est que celui qui l'a écrite assure positivement que cette douzaine d'enfans, étant parvenue de l'âge de vingt deux jusques à trente ans, ils étoient restez si petits que cela excita la curiosité du pere à peser toute sa famille, & qu'il se trouva que luy pesoit sept cents cinquante livres, sa femme quatre cents quarante cinq, ses fils cent vingt cinq, & ses filles soixante quinse : d'où il paroît que le Roy seul égaloit la pesanteur de ses fils, & la Reine celle de toutes ses filles, & qu'ainsi le pere & la mere ensemble pesoient justement autant que leurs douze enfans, qui étoient pourtant en âge d'homme. Je ne pus pas m'empêcher de témoigner un jour à Bénédon que cela me paroissoit un conte fait à plaisir, & que l'Historien n'ayant rien de fort particulier à marquer à son Lecteur, avoit trouvé à propos, de peur qu'il ne baillât, ou ne s'endormît, de réveiller son atention languissante par un trait de son invention, où il entrât du merveilleux. Ne dites pas cela, dit le Roy, l'Auteur ne raconte rien là que de véritable, la chose est récente, il n'y a pas si long-temps que ce Roy est mort, que la tradition ne nous le represente tel qu'il étoit éfectivement. Mon bis-ayeul, que j'ay connu, a parlé à de vieilles gens, qui l'avoient entendu de ceux la mêmes qui en avoient été les témoins oculaires. Tout ce que vous en voyez

voyez n'est rien : on raconte bien d'autres choses de ce Monarque, continua-t-il, qu'on n'a pas osé écrire, de peur que notre Histoire ne passe pour un roman dans l'esprit de nos décendans. Tout le monde prétend qu'il avoit seise dents en bouche, sa femme huit, & ses enfans chacun deux, qui étoient justement d'une même grandeur; qu'il mâchoit & mangeoit à proportion, & qu'il luy faloit par conséquent à son repas les mets de huit personnes, & à son épouse de quatre : s'il s'en étoit falu la pesanteur d'une once, ils s'en seroient incontinent aperceus. Leur sommeil étoit réglé tout de même. Les poils des yeux du pere & de la mere égaloient en nombre ceux de tous leurs enfans; & si la bienséance le permettoit, je pourrois vous marquer des raports & des proportions qu'il y avoit entre des actions & des parties de ces géants avec celles de leurs peres, meres, & enfans, qui surpassent l'imagination, & que personne pourtant ne révoque en doute, à cause que ce sont des faits, qui ont été vûs & sceus d'un nombre infini de témoins irréprochables. Personne n'a ignoré bien longtemps après ce Roy, qu'à certains jours de récréation, il se passoit des bretelles sur les épaules, qui décendoient si bas, en forme d'étriers, que lors que sa femme y mettoit les pieds, & se tenoit droite, ayant le dos tourné à celuy de son mari, leurs têtes venoient à une même hauteur. Alors on peignoit leurs cheveux, & on les tressoit l'un parmi l'autre, afin que ces deux têtes n'en fissent qu'une, qui parût avoir deux visages,

l'un

l'un devant, l'autre derriére. Cela étant fait on le vêtoit d'une grande robe, qui le couvroit des pieds jufqu'aux épaules, & au bas de laquelle il y avoit en dedans fix poches, dans lefquelles entroient fes fix garçons, qui paffoient leurs têtes par autant d'ouvertures faites exprès pour cela au deffus, afin que les fpectateurs leur viffent feulement le vifage. Plus haut, & auffi tout autour, à des diftances égales, il y avoit de quoi loger les fix filles ; de forte que quand ce géant marchoit en cet équipage, foit de côté, comme il le faifoit quelquefois, ou en avant, ou en arriére, on ne voyoit qu'un corps, mais qui étoit environné de quatorfe vifages. Souvent il luy arrivoit qu'après s'être bien promené de cette maniére, il prenoit encore un jeune homme fur chacune de fes mains, qu'il alongeoit à bras étendu, puis on luy mettoit fur la tête une quaiffe quarrée environ de deux pieds de haut, avec quatre jeunes enfans dedans, au milieu de chaque face un, qui tenoient le vifage tourné en dehors, un fardeau de cette horrible péfanteur ne l'alarmoit point, il danfoit avec tout cela comme s'il n'avoit été chargé que de fes habits. Rarement il portoit des armes à la chaffe : il luy eft arrivé plufieurs fois que rencontrant un puiffant Ours, qui le venoit ataquer, il le faififfoit à la gorge, & l'étrangloit de fes deux mains ; ou s'il pouvoit le prendre par les jambes, il le déchiroit en deux, fans aucune difficulté. En un mot il ne s'étoit point vû un tel homme

dans

dans ce Pays, du moins les Histoires n'en font point de mention, & je doute qu'il s'en voye plus un semblable. Hélas ! Sire, repliquai-je, s'il faloit ajouter foy à tout ce que l'on débite tous les jours pour des véritez incontestables, à ce qui est parvenu jusqu'à nous par la tradition, ou à ce qu'ont écrit nos ayeux, nous serions bien sujets à être trompez. Nous avons des chambrées de livres parmi nous, qui sous les plus belles aparences du monde de vérité, renferment tout ce que l'esprit humain est capable d'inventer de grotesque & de fabuleux. Les Histoires des Rois aussi bien que des particuliers, sont remplies de sotises, de bagatelles, de circonstances absurdes, de faits controuvez, & d'impertinences, qui sautent aux yeux de la plus grande partie des personnes qui les lisent. Chaque Religion même, ancienne ou moderne, a ses mistéres, ses oracles, ses loix, ses constitutions, que ceux qui en font profession, croyent saintes & divines, à l'exclusion de tout ce que l'on debite des autres, jusqu'à soufrir le martire, & signer de la derniére goute de leur sang le témoignage qu'ils rendent de leur infaillibilité, dont ceux d'un parti contraire se rient à gorge ouverte, & que des Auteurs contemporains à ceux qui leur ont laissé ces belles choses, taisent, contredisent, ou nient avec beaucoup de fondement. De manière que tous ces diférens parts se décrient les uns les autres, & se traitent de foux, de malheureux, de libertins, ou tout au moins d'incrédules.

Ceux

Ceux qui écrivent, le font dans de certaines vues, que les personnes qui lisent leurs écrits n'ont pas : & souvent il est arrivé que des écrivains ont composé des fixions pour passer leur temps, pour divertir leurs amis, ou pour montrer à toute la terre que la nature les avoit douez de la faculté imaginative, qui quelques siécles après ont passé pour les dogmes d'un culte sacré, qui ont causé des guerres sanglantes, & la ruine totale de ceux qui ont été assez hardis pour les révoquer en doute, ou en parler avec dérision. J'ay ouy conter en Holande à un Sedannois, continuai je qu'un nommé la Feuille Horloger de sa profession, & drôle comme un cofre, luy avoit communiqué une avanture, qu'il protestoit avoir euë dans un voyage, qui est d'un semblable caractére à ce que je viens de raporter, & qui vient par conséquent ici fort à propos. Il étoit dans un coche, qui le portoit de Sedan à Paris, où il avoit des afaires ; en chemin faisant ses compagnons de voyage parurent tout d'un coup surpris de voir deux beaux grands Arbres, droits, d'une grosseur extraordinaire, & plantez à cent ou cent cinquante pieds l'un de l'autre, dans une campagne rase, où aussi loin que la vue pouvoit s'étendre, on ne voyoit ny clochers, ny demeures d'hommes, ny buissons : il n'y avoit absolument que de la bruiére, & quelques rônces de la même hauteur. Chacun raisonnoit là dessus à perte de vue, & formoit des conjectures diférentes de celles des autres, qui luy

pa-

paroiſſoient les plus vrai-ſemblables. Comment, dit enfin la Feuille, qui les avoit oüis avec plaiſir, & qui n'avoit pas encore ouvert la bouche ſur ce ſujet. Vous parlez Latin, en s'adreſſant à l'un deux, vous avez feuilleté les livres & vous ne faites que cracher des ſentences : Vous êtes Oficier, dit il à un autre, vous avez fréquenté la Cour, vous ſavez ſans doute la carte : & vous êtes Marchant, continua-t-il, en ſe tournant vers le troiſiéme, & un Marchand qui n'ayant pour ainſi dire, aucun domicile fixe & arrêté, ne fait qu'arpenter la mer & la terre ; vous êtes des gens intriguez dans le monde, & vous ignorez également la véritable cauſe pour laquelle ces deux arbres ont été plantez icy ; aſſurément cela eſt admirable ; il n'y a point de nourriſſe dans notre ville, qui n'en entretienne tous les jours ſon nourriſſon, & tous les enfans s'en divertiſſent dans leurs écoles. La ſurpriſe où la Feuille paroiſſoit être, redoubla encore leur étonnement, ils avouérent franchement, qu'ils ne ſavoient rien de tout cela, & le priérent de ne leur en point faire un ſécret, s'il valoit la peine qu'ils le ſceuſſent. Il y a, reprit il, autour de neuf cents ans, qu'il y avoit icy, à une lieue & demie l'un de l'autre quatre beaux villages, qui formoient un quarré parfait, & qui étoient ſituez directement vers les points cardinaux du monde, le Levant, le Zud, le Couchant, & le Nord. Le premier s'apelloit Lénon, le ſecond Tourcoing, le troiſiéme Avane, & le dernier Bruſſier.

Droit

Droit au milieu de ces quatre bourgs on avoit bâti un Château magnifique, d'une fort grande étendue, qui avoit nom Garcy, & où habitoit un géant d'une grandeur monstrueuse, avec toute sa famille. Cet homme extraordinaire, qui se faisoit nommer l'invincible, s'étoit rendu si redoutable par sa force, & par ses cruautez inouies, que tout le monde le redoutoit: bien des gens trembloient à l'entendre seulement nommer, & il est arrivé plus d'une fois que sa vûe a fait prendre la fiévre à de jeunes filles, & avorter des femmes enceintes. Il tenoit sous contribution tout ce qu'il y avoit de paysans aux environs de sa maison, il faloit qu'ils le pourvussent de toutes choses, & il avoit besoin de beaucoup d'alimens, non seulement parce qu'il mangeoit seul autant qu'une compagnie de Suisses, mais qu'il tenoit bonne table, qu'il avoit un train magnifique, & que ses domestiques surpassoient en nombre ceux de bien des Princes Souverains. Les vilageois se lasserent enfin de ses extorsions, & refuserent de s'en tenir plus long-temps aux taxes qu'il leur avoit imposées. La dessus il leur fit des menaces terribles, il en massacra plusieurs, & envoya dire aux autres que s'ils refusoient d'avantage à le reconnoître pour leur légitime Seigneur, il les feroit tous passer par le fil de l'épée, & brûleroit leurs maisons jusqu'aux fondemens. A ces menaces les habitans des vilages que je viens de nommer, arménerent, & ayant fixé un jour, ils sortirent à point nommé, dans le dessein

de

de le furprendre, & de ne luy donner aucun quartier. Leur entreprife avoit été fecréte, elle fut de même exécutée avec tant d'ordre & de prudence, que l'Invincible n'en fut averti que lors qu'ils n'étoient plus qu'à fept ou huit cents pas de fa maifon. Il fortit incontinent avec fa Maffue, qui étoit faite d'un des plus hauts chênes de la forêt d'Ardennes, & dont il étoit feul capable de défaire une nombreufe armée, fur tout lors qu'il avoit endoffé le harnois, & cela dans un tems où l'on ne connoiffoit pas encore les armes à feu. Auffi tôt que ces pauvres gens l'aperceurent, fa prefence les éfraya, ils fe mirent à fuir de toute leur force, & à implorer fa miféricorde à cris redoublez. Non, miférables que vous êtes, leur difoit il, un crime de cette nature n'eft point pardonnable : me perdre le refpect, violer mes droits, & atenter à ma vie, non, encore un coup, y en eût il dix mille dans la plaine, & fuffiez vous les derniers des vivans, pas un feul n'en portera chez luy la nouvelle, vous périrez tous, tant que vous êtes ; la mort eft la jufte récompenfe de la rebellion. Il n'en alla pourtant pas comme il penfoit ; en leur courant après, le bonheur voulut pour eux qu'il alla cafuellement pofer le pié fur une trape, grande, profonde, & fort artiftement couverte, qu'un Louvetier avoit fait conftruire pour prendre des bêtes carnaffiéres, qui défoloient ce quartier là, de forte que fondant tout d'un coup dans cette foffe, jufqu'à la profondeur de huit ou dix pieds, il tomba

tout

tout étendu à terre, & se blessa dangereusement. Une femme grosse de huit mois, mais qui avoit un courage de Lion, & qui étoit sortie de Tourcoing avec son mari, en faisant serment de n'y jamais rentrer qu'elle n'eût vû expirer le Géant, voyant cet impitoyable colosse couché à ses pieds, & tellement étourdi de sa chute qu'il ne savoit où il étoit lui déchargea une grosse pierre qu'elle tenoit, avec tant de violence sur la tête, à l'endroit de la Temple gauche, où elle fit une grande ouverture, qu'elle acheva entiérement de le démonter. Le sang sortoit à gros bouillons de cette playe mortelle, comme l'eau sort ordinairement d'une fontaine. La dessus il se mit à jetter des cris épouvantables, qui firent trembler tous ceux qui les entendirent; il se tourna & vira de plusieurs côtez; il étendoit les bras, il faisoit mille contorsions de corps, qui marquoient évidemment l'état où il se trouvoit. Qu'atendez vous, malheureux, crioit cependant cette belliqueuse femme, à ces timides Paysans, qui n'osoient s'en aprocher qu'en tremblant, qu'atendez vous, je vous prie, que notre redoutable ennemi ait repris ses esprits, & soit revenu à luy? Ne vous y fiez pas, il ne pardonnera indubitablement à personne : vos larmes, vos soupirs, vos suplications, atendriroient plutôt un rocher que luy : s'il se reléve pas un de nous ne restera en vie. Pendant que nous avons de l'avantage sur ce monstre, profitons de l'ocasion, & ne donnons pas sujet à nos Neveux

veux de se plaindre d'avoir eu pour ancêtres des lâches & des éféminez : allons, avançons au plus vîte, le moment presse, il est temps de l'achever. A ces cris réiterez les plus timides prirent courage, la honte d'être excitez à s'afranchir de l'esclavage par celle qui devoit naturellement les exorter à l'obéïssance & à la soumission, les fit avancer en diligence, & après avoir fait pleuvoir une grêle de gros cailloux sur le Tiran, qui l'avoit mis tout en sang, ils se jettérent sur son corps, & le percérent de mille coups de couteau & de poignard, sans qu'il fit aucune résistance. Sa femme & ses enfans eurent aussi le même sort, il faloit que la race en fût entiérement éteinte, ou ils n'auroient pas été contens. Les domestiques qui étoient pour la plupart de leurs propres gens, & qui avoient eu ordre de ne point sortir, mais de garder simplement le château, & ce qu'il y avoit dedans, furent tous épargnez, on ne fit pas la moindre insulte à aucun. Cette action mémorable exigeoit un monument perpétuel, qui en renouvellât la mémoire dans leurs décendans : on en proposa un nombre de diférentes espèces, mais enfin après bien des débats, il fut conclu que la maison du Geant seroit rasée jusqu'aux fondemens, le maître enterré sous ses ruines, & que l'on planteroit à sa tête & à ses pieds, deux arbres, qui marqueroient justement sa longueur. Le Roy Pepin, qui régnoit alors, ayant apris cette nouvelle, en eut infiniment de la joye, parce que cet homme prodigieux

Tome II. E com-

commençoit à luy donner de la jalousie, qu'il se fortifioit de jour à autre, & étendoit de plus en plus les limites de sa domination, de manière qu'en récompense d'un si grand bien, il ennoblit le fils de la femme qui en avoit été cause, voulut qu'il portât le nom du vilage où il étoit né, dont il le constituoit Seigneur à perpétuité, & que ses armes fussent d'Argent à une croix de sable, chargez de cinq cailloux d'or, que l'on a pris du depuis pour des bésans. Ce conte inventé sur le champ, assez bien circonstancié, & recité de sang froid, fit tant d'impression sur l'esprit de ces simples & crédules voyageurs, qu'ils y ajoutérent entiérement foy : ils le racontérent ensuite dans tous les endroits, où cela venoit à propos, comme une Histoire incontestable. Ils y ajoutoient, pour l'apuyer de leur témoignage, qu'ils avoient vû eux mêmes les arbres, entre lesquels le Géant avoit été inhumé : qu'ils connoissoient très bien la famille des Tourcoings, qui avoient éfectivement les mêmes armes ; & pour ce qui étoit des vilages, il ne faloit pas être surpris s'ils n'étoient plus, après les guerres térribles & continuelles qu'on avoit eues du depuis en ces Pays là, qui avoient souvent tout mis à feu & à sang. Enfin cela a passé aux enfans, & vous irez en peu d'endroits par là autour, où l'on ne vous entretienne fort sérieusement de ce fait, qui au fond n'est qu'une fixion, qui peut être n'est pas encore des mieux imaginées. Vous direz tout ce qu'il vous plaira, dit Benedon, comme je
suis

suis sincére, & que je n'assure rien sur quoi l'on ne puisse faire autant de fond que si on l'avoit vû soy même, je reçois aussi aisément comme des véritez, tout ce que les autres honnêtes gens avancent pour tel. Si vous aviez donc été Crétien, poursuivis-je, vous auriez été fort propre à faire un bon Catolique. La plûpart de ceux qui font profession de cette Religion, qui d'ailleurs est fort ancienne, & préferable à toutes les autres, donnent aveuglément dans toutes sortes de puérilitez, moyennant que l'autorité de nos Prélats y intervienne. Nous avons la charge d'un porte faix de Legendes, remplies de fables si grossiéres, qu'elles font honte aux personnes raisonnables, qui sont de cette communion. Les Auteurs de ces livres ont eu l'impudence d'atribuer aux prétendus saints, dont ils décrivent la vie, des faits, qui non seulement sont au dessus de la portée de tous les hommes, mais qui surpassent la nature, & même tout ce que le Messie a fait. Selon eux il y a de ces personnages qui ont été portez dans le Paradis, d'autres aux Enfers, ou dans le Purgatoire, trois diférentes demeures destinées pour les âmes des trépassez. On prétend qu'ils ont traversé les mers à pié sec, volé dans les airs, guéri toutes sortes de maladies & d'infirmitez sans exception, fait marcher droit les boiteux, rendu la vue aux aveugles, l'ouïe aux sourds, la parole aux muets, rassasié des miliers d'hommes afamez de deux ou trois pains, ressuscité des morts, domté les démons,

com-

commandé aux anges, & conversé avec Dieu comme avec leur pareil. Et ce qu'il y a d'admirable, c'est que cela est souvent raconté d'une maniére ou si innocente, ou si hardie, que je doute s'il ne faut pas être aussi fou pour l'admettre, qu'impudent pour le soutenir. Cependant c'est sur la parole de ces honnêtes gens là, qui ont sans doute été pour la plupart des Payens, lesquels ne peuvent avoir eu en vûe que de décrier par là le Cristianisme, que l'on conserve une multitude incroyable de reliques en mille diférens endroits de l'Europe, pour lesquelles le peuple supersticieux & idolâtre a infiniment de la vénération, jusqu'à y mettre souvent plus de confiance qu'en Dieu même. Les uns se vantent d'avoir par exemple, de la cervelle de Saint Jean, du sang de Saint Etienne, un os de la mâchoire de Saint Jaques, une oreille de Saint François, un morceau de la robe de Saint Laurens, une pantoufle de Sainte Anne &c. D'autres soutiennent avoir en main comme un sacré dépôt, du lait de la Sainte Vierge, du Saint foin de l'étable où elle acoucha de son bien heureux fils, des larmes de Jérémie, un bout de la verge d'Aron. Et pour comble d'abus, c'est qu'au lieu de trois cloux, selon quelques Auteurs, ou de quatre, suivant le sentiment de quelques autres, qu'ont servi à atacher Jesus Christ à la croix, & d'un seul suaire, où il a imprimé la figure de son visage, il s'en trouve la charge d'une mule en diférentes Contrées, Villes, Eglises, & Chapelles,
dont

dont ceux qui les ont en garde soutiennent également fort que ce sont eux qui ont les véritables, & tâchent de décrier les autres, & de les faire passer pour des fourbes, afin d'atirer seuls les dévots, qui vont là en pélerinage, & y portent dequoi enrichir les Couvents, & y faire vivre grassement les Moines. Avec tout cela il y a des endroits, comme l'Italie, l'Espagne, le Portugal, & autres semblables, où si un particulier étoit assez imprudent pour déclarer qu'il doute de la vérité du plus absurde de ces contes, & de la moindre de toutes ces bagatelles, il couroit risque d'être mis à l'inquisition, où il seroit infailliblement condamné à la mort, ou du moins à passer le reste de ses jours entre quatre murailles. On laisse icy la liberté à un chacun de croire ce qu'il veut, reprit le Roy, mais cependant on aime pourtant que tout le monde se conforme à l'opinion commune; quand on ne le fait pas, on s'atire souvent le mépris des uns, & la haine des autres, qui s'imaginent qu'on les acuse par là indirectement de stupidité, de foiblesse, ou de trop peu de pénétration, pour découvrir la fausseté de ce qu'on leur veut faire envisager comme évident & infaillible. A ce prix là, Sire, continuai-je, je croy l'Histoire du Roy Géant & de toute sa famille; je serois au desespoir de donner du scandale à qui que ce soit, comme je me suis acoutumé dans mes voyages à n'en prendre jamais de personne; je ne suis point d'un naturel à singulariser, &

à vouà vouloir passer pour plus habile que les autres, je m'acommode avec tout le monde, & je desire que tout le monde s'acommode avec moy. Au reste, nous avions de coutume, comme je l'ay fait entendre ailleurs, de jetter, pour ainsi dire, nos livres au feu, pendant les vacances, qui commençoient & finissoient avec l'été ; depuis l'un des Equinoxes jusqu'à l'autre, on vaquoit aux afaires domestiques Comme Benedon n'avoit point été à la pêche de la baleine depuis son avénement à la couronne, l'envie luy prit d'en aller prendre le divertissement. J'étois ordinairement de ses parties de plaisir, il auroit cru que celle-cy n'auroit point eu d'heureux succès si je n'avois été le premier marqué sur le Catalogue de ceux qui devoient l'acompagner dans ce petit voyage. On fit un fort joli équipage pour cela, le monde & les provisions ne nous manquoient pas. Le premier poisson que nous découvrimes, paroissoit de loin comme une Ile : le Roy étoit alors dans une chaloupe, & moy dans une autre, il donna incontinent ordre qu'on allât droit à luy, nous suivions les pêcheurs de près. Aussi tôt qu'ils se virent de côté & d'autre, aux environs de la nuque de ce monstre, deux luy enfoncèrent en même temps leur harpon dans le dos avec tant de violence, qu'ils avoient pénétré jusqu'à plus d'un pié & demi de profondeur. Cet animal se sentant ainsi piquer, donna un coup de queue en plongeant, qui agita si prodigieusement l'eau, que sept esquifs en furent renversez

versez sens dessus dessous, au nombre desquels étoit celuy du Roy. Ce malheur mit l'alarme au quartier, chacun s'empressoit à secourir la personne sacrée de leur commun Monarque: ainsi il ne falut pas beaucoup de temps pour le tirer de ce danger. Pendant qu'on s'ocupoit à le dépouiller de ses habits mouillez, afin de le couvrir d'une robe séche, jusques à ce qu'on l'eût mené à terre, où il y avoit des feux tout prêts, tant pour faire la cuisine, que parce qu'on étoit bien acoutumé à ces sortes d'incidens, on entendit crier qu'on ne savoit ce qu'étoit devenu l'un des dardeurs, qui après avoir disparu, au moment que la baleine avoit fait le plongeon, n'avoit plus été vû de personne. Benedon voulut qu'une partie de ses gens restât là, pour être à portée de secourir cet homme, au cas qu'il revînt sur l'eau, pendant que l'autre, en lâchant de la corde, suivroit avec toute la rapidité que la vigueur des rameurs le permettroit, le formidable poisson, qui fuyoit de toute sa force l'endroit où il avoit reçu deux coups mortels. Après avoir été un grand quart d'heure sous l'eau, il vint paroître de nouveau au dessus, & avec luy l'infortuné pêcheur, pour l'amour duquel on avoit posé tant de sentinelles. Le monstre, voyant aprocher du monde, s'enfonça pour la seconde fois dans la mer, mais le dardeur resta sur sa superficie: on y courut au plus vite, & on s'en saisit comme il s'en retournoit au fond, d'où il n'y a pas d'aparence
qu'il

qu'il fût revenu de sa vie. Le pauvre homme avoit perdu tout sentiment, plusieurs de ceux qui le tenoient entre leurs mains, doutoient qu'il respirât encore. On luy mit quelques goutes de Pithson dans le creux des mains, sur les temples, sous les narines, & on luy en versa même un peu dans la bouche, qu'il tenoit ouverte comme s'il avoit été mort : cela le fit revenir. Quand il fut à terre on l'assit auprès d'un bon feu, & on en eut tant de soin que la connoissance luy revint entiérement. Le Roy en fut ravi, il luy en témoigna sa joye, & luy demanda comment il avoit resté si long-temps perdu. En dardant mon harpon dans le corps du poisson, Sire, luy répondit il, ma manche s'est acrochée à l'anneau, où la corde étoit passée, & qui étoit entr'ouvert, de sorte que ce monstre en plongeant, m'a entraîné avec luy, sans que je m'en sois aperceu. Il me souvient fort bien que j'ay tâché pendant plusieurs minutes de me débarasser, & de me tirer de ce mauvais pas, mais il m'a été impossible : il y a aparence que cela ne s'est défait que lors que j'ay été raporté au dessus de l'eau. Comme il n'étoit point arrivé de mal, & qu'on en avoit été quite pour la peur, le Roy ne put s'empêcher de rire de cette avanture, & d'en prendre ocasion de dire au pêcheur qu'une autre fois il devoit être plus circonspect. Cependant la balaine se lâssoit, & perdoit en même temps tout son sang : on l'amena enfin à l'endroit où étoit Bénédon, qui resta comme me immobile à la vue de la grandeur excessive de ce prodigieux animal. On en tira deux cents quarante cinq bariques d'huile, ce que je n'avois point encore vu auparavant. Le lendemain on en prit une autre, qui étoit environ d'un tiers plus petite, après quoi le Roi se retira avec un nombre médiocre d'hommes pour l'escorter, & laissa les autres achever leur quarantaine. Nous nous entretinmes en chemin de l'âge que devoit avoir le premier poisson que nous avions pris : Il me dit que les pêcheurs avoient des sentimens fort diférens sur ce chapitre là. Il y en a, continua-t-il, qui s'imaginent qu'une baleine, depuis l'âge d'un an jusqu'à sa mort, croît sans interruption toutes les douze lunes de la largeur d'un pouce & demi en longueur ; d'autres veulent qu'elles augmentent tous les Périodes en grosseur de huit lignes. Plusieurs prétendent qu'elles gagnent chaque année une demi-barique d'huile ; d'où il s'en suivroit que notre gros poisson auroit été âgé de quatre cents quatrevingts dix ans. A mon sens les plus croyables sont ceux qui assurent qu'il en est des poissons de la mer comme des bêtes des champs, & des arbres des forêts, qui quoi qu'ils soient souvent d'un même jour, diférent de la moitié ou de plus, en pesanteur, en grosseur, ou en hauteur, au bout de quelques années. Des pépins d'un même fruit, l'un sera plus rond, mieux fourni, & beaucoup plus sain que les autres : si avec cela ce grain est semé dans une terre convenable, & bien cultivée, où il ait assez de nourriture, & que les saisons luy soient favorables : Et qu'au contraire, les autres aient été mis dans un terroir graveleux & maigre, où l'humeur leur ait manqué, qu'ils aient été outre cela exposez aux vents froids, & à d'autres incommoditez semblables : ou trouvera que la diférence de celuy-là à ceux cy sera si considérable, que de mille personnes qui les verroient à peine y en auroit il une qui les crût de même race & de même âge. Il est peu de fréres, encore qu'ils soient issus de mêmes péres & méres, qui aient une même constitution, & qui se ressemblent à tous égards. L'un respire un certain air, qui n'est ny du lieu, ny du temps de l'autre : les alimens dont ils se nourrissent sont différens, & ils n'en prennent pas une égale quantité : ils ne sont pas non plus uniformes dans leurs actions, dans leur travail, dans leurs veilles, dans leur repos, ny en toute autre chose qui les regarde : ils n'ont donc aussi garde de se ressembler, tant par raport à la masse de leur corps, qu'à l'égard de la force de leur esprit. Je croi que vous avez raison, Sire, repartis-je, & je puis vous dire sans vanité, que ce sont là à peu près les mêmes argumens, dont je me suis servi autrefois contre les Hollandois, qui soutiennent unanimement que le brochet, qui est un poisson de riviére de nos quartiers, devient précisément tous les ans plus pesant de la quantité d'une livre. Quoi qu'il en soit, il est vraisemsemblable que les monstres marins, qui se pêchent dans nos mers, doivent être extrêmement vieux, mais je ne pense pas que leur âge se puisse connoître à aucune marque, comme on le connoît aux anneaux qui sont autour des cornes des bœufs & des vaches: & à de certaines marques qui paroissent jusqu'à l'âge de quatre ans sur les dents des chevaux. Nous avons des curieux parmi nous, qui mettent des coliers à des cerfs, & des anneaux à des carpes, afin de savoir lors qu'on les reprend, combien ils ont vêcu: & d'autant qu'on prétend que l'expérience en a été faite plusieurs fois on assure aussi que les derniers de ces animaux ateignent jusqu'à un siécle, & que les premiers en franchissent aisément dix; mais il ne seroit pas si facile de s'assurer de cette vérité à l'égard des baleines, parce qu'au lieu que ceux-là sont renfermez, les uns dans des parcs, les autres dans des étangs, où on les peut ravoir quand on veut, lors qu'on s'en donne la peine, celles-cy ont un champ libre, qui a pour bornes les extrémitez du monde; & où de mille que l'on marqueroit, peut être n'en reverroit on jamais une seule. Des bêtes domestiques, la plupart meurent bien-tôt, il n'y a que l'éléphant qui parvient à un fort grand âge: j'ay leu plus d'une fois que le Roy de Perse en a entre autres un blanc, qui a plus de quatre cents ans, sans qu'on aperçoive en luy aucune marque de vieillesse. Ces bêtes là sont plus heureuses que nous, dit Bénédon: aussi tôt que nous sommes parvenus à l'âge de soixante ou quatrevingts ans, nous sommes caduques, lâches, & sujets à mille infirmitez, l'esprit même perd sensiblement de sa force, toute la machine va en déclinant, & il est rare de voir un homme vivre jusqu'à cent cinquante années. Au commencement du monde, Sire, repris-je, on a vécu plus long-temps ; l'Histoire de la Création, dont je vous ay souvent entretenu, nous parle de plusieurs hommes qui ont passé les neuf siécles. Dieu a eu des raisons pour lesquelles il a abrégé nos jours, mais n'y eût il que celle que nous nous mangerions les uns les autres, si nous allions tous jusques là, elle seroit assez forte. Le monde est bien peuplé à l'heure qu'il est, mais il le seroit alors trop, la terre ne sauroit raporter de quoi en nourrir un si grand nombre, à moins qu'ils ne mangeassent non plus que l'on fait dans les champs de Raoul. Cette pensée fit rire le Roy, qui vouloit tourner en ridicule ce que l'on disoit de la longue vie des anciens, mais il en fut diverti par des ocupations qui luy paroissoient plus agréables. En éfet, comme nous avions été heureux à la pêche, nous le fumes de même à la chasse, qui se fit le long des côtes, puis que sans sortir que rarement de nôtre chemin, nous tuâmes plus de gibier que nous n'en pumes porter chez nous. Nous prîmes entr'autres, un ours gris, ce qui est fort rare en ce Pays là, où l'on n'en voit presque que de blancs, & de rougeâtres. Nous avions trois cents vingt huit bécasses ; il y en avoit

alors

alors une quantité prodigieuse, & elles étoient sur le point de s'en retourner. Le Roy aimoit fort cette sorte d'oiseaux, il ne mangeoit presque point d'autres viandes dans la saison : j'en vis aporter de celles-cy pendant autour de trois semaines sur sa table, vers la fin elles sentoient si fort le fumet, qu'il n'y avoit que luy seul qui en pût goûter : il ne s'en lassoit jamais, fussent elles à moitié pourries. Quelques jours après notre arrivée à Cambul, j'allay voir le Roy ; d'abord qu'il m'aperceut il me demanda jusqu'où j'en étois venu avec l'Histoire de son Pays. J'en ay vû la fin, Sire, luy répondis-je. He bien, qu'en avez vous retenu, reprit il ? Pas grand chose, continuai-je, plus j'ay avancé, moins j'ay trouvé d'endroits dignes de mon atention. Herménon mourut, & ses enfans ne luy survécurent que peu de jours. Il avoit eu deux frères, qui étoient aussi défunts : le fils de l'aîné n'avoit que quinse ans, celuy du cadet en avoit trente. Ces deux neveux de Roy, nommez Helial & Talmusel, aspiroient également à la couronne : les Loix autorisoient le plus jeune : l'âge, l'esprit & l'expérience, donnoient à l'autre lieu de ne rien relâcher de ses prétentions. Les habitans de Cambul étoient partagez sur le choix que l'on devoit faire de leurs personnes : les Chioux se déclarérent sans hesiter pour Talmusel, au lieu que le peuple & les gens de guerre, ausquels s'étoit joint le Lieutenant de Roy, tenoient pour Hélial. Ces deux partis étoient considérables, l'un par son autorité,

torité, l'autre par sa force. Les maîtres des quartiers apréhendant une révolte, demandérent qu'on en vint à des conférences ; on nomma des Commissaires de part & d'autres, qui s'assembloient régulièrement tous les jours ; mais au lieu que le diférent s'y dût terminer tranquilement, les contestations y augmentoient de jour à autre. Quand les Juges virent cela, ils députérent sous main deux des principaux membres de leur corps, & les envoyérent aux trois autres villes avec une escorte de cinquante hommes, pour leur remontrer la justice de leur prétention, & implorer leur assistance. Ces députez s'aquitérent parfaitement bien de leur commission. Daïla, Persac, & Méralde, se trouvérent d'un même sentiment. Si les péres des deux prétendans vivoient, disoient ils, il est incontestable que l'aîné devroit être préféré au plus jeune, mais puis qu'il s'agit de leurs enfans, il faut avoir égard principalement à l'âge, & en suite à la capacité. Ils avoient raison, interrompit le Roy, car suposé, continua-t-il, que lors que le Géant & ses enfans furent morts, Talmusel n'eût pas encore été né, auroit on diféré de donner la couronne à Hélial, & s'il en avoit été une fois en possession, la luy auroit on ôtée à la naissance de son cousin, parce qu'il étoit issu de son oncle, qui étoit plus âgé que son pére : vous voyez bien que cela ne se pouvoit pas, & que c'auroit été une injustice sans exemple. Je vous demande pardon, Sire, repris-je, si je prens la liberté

té de vous dire que c'est ce que vous aléguez qui ne se peut pas, & qui n'a jamais eu d'exemple : car selon vous, votre Royaume n'est point électif, il a été de tout temps héreditaire, si les péres des deux Concurens avoient vécu, l'aîné devoit succéder au Géant, par un droit naturel, qui ne pouvoit luy être contesté de personne, comme les autres villes l'avoient fort bien remarqué ; au defaut de l'aîné la couronne aparténoit au Cadet ; le Cadet n'étoit plus, il avoit laissé un fils, il faloit bien que l'aîné fût aussi décédé, puis qu'il n'y auroit pas eu de démêlé entre luy & le fils de son cadet, & s'il étoit défunt, comment voulez vous qu'il naisse de luy un enfant qui dispute de la Royauté avec le fils du cadet de son pére ? J'avoue, dit Bénédon, que je me suis trompé dans mon raisonnement, j'avois mal envisagé le véritable nœud de la question : mais après tout, encore cela ne seroit il pas sans exemple, comme vous le le prétendez, Monsieur le Professeur : Talmusel n'auroit pas été le premier des hommes qui seroit né après la mort de son pére, puis que sa mere pouvoit alors être enceinte de luy. Il est vray, Sire, répondis-je, dans un cas semblable je croy qu'on auroit aussi atendu après les couches de cette dame pour disposer de la dignité qui vaquoit, de peur de faire une bévue, dont on auroit pu avoir sujet de se repentir dans la suite. Icy les deux péres étoient morts il y avoit du temps ; le plus jeune des compétiteurs avoit
ateint

ateint l'âge de quinfe années, il étoit donc
jufte, ou du moins ce font les loix de nos
quartiers, que le fils de l'aîné fût honoré du
Scéptre que fon pére auroit porté s'il avoit
vécu. Cependant les villes neutres de Ruffal
n'étoient point de ce fentiment là : elles raf-
femblérent toutes leurs troupes, & leur donnérent ordre de fe combiner à Daïla qui
étoit le lieu du rendez-vous, d'où elles par-
tirent enfemble pour Cambul avec toute la
diligence poffible. Ce deffein, qui étoit de
la derniére importance, fut exécuté fi fecré-
tement, & avec tant de promptitude, que pas
un du parti de Hélial n'en fut averti qu'ils ne
fuffent à quatre lieues de leurs portes. Le
Colonel des gardes fut le premier qui en a-
prit la nouvelle, il crut ne point devoir perdre de temps à confulter fes amis fur ce qu'il
devoit faire dans cette fâcheufe conjoncture; il fort avec dix de fes Soldats, arrête en
chemin trois hommes, qui venoient avertir
les Chioux de ce qui fe paffoit, & s'étant
aproché de ces Etrangers, il demanda à parler en particulier à celuy qui les commandoit. La ville de Cambul, luy dit il, eft
en combuftion, & à deux doigts de fa ruine,
fes habitans vous ont infiniment de l'obligation, Monfieur, de ce que vous ayez entrepris un voyage de fi longue haleine pour cal-
mer leurs troubles, & ramener la paix dans
leur Etat : mais avant que de rien décider en
faveur des uns ou des autres, êtes vous bien
inftruit de leur diférent? favez vous que l'intérêt de deux particuliers en eft la feule &
unique

unique cause? Qu'est il besoin au fond, que nous nous sacrifions pour eux? Vous êtes quatre ou cinq mille hommes de bonnes troupes, tous gens intrépides, & incapables de reculer, je n'en doute pas: Mais vous devez savoir aussi que vous aurez à faire à rude partie. Je commande un corps qui ne le céde en rien à aucun autre de l'Univers: je suis assuré outre cela, de la meilleure partie des Bourgeois de cette ville, qui ont leurs armes prêtes au moment que je vous parle, & qui n'atendent que le signal dont nous sommes convenus, pour donner. Vos gens sont las & fatiguez, si vous m'en voulez croire, procurons leur du repos, évitons un massacre épouvantable, & terminons ce diférent par un promt acommodement. Je m'en vay, soutenu de mes amis, qui m'atendent, faire assembler les Juges, & tout ce qu'il y a dans Cambul de personnes de la moindre autorité; trouvez vous y je vous en suplie, dès que vous y serez apellé, & bien loin de vous déclarer, ny pour Hélial, ny pour Talmufel, dites franchement que vous n'êtes venu icy que pour donner Mainforte à Hegbaton, Lieutenant du Roy défunt, & que vous ne doutez pas que sa personne ne leur soit agréable, à cause de mille bonnes qualitez qu'on luy atribue à juste titre, & dont il vous sera aisé de faire une ample deduction. Je vous avoue, dit le Général au Colonel, que je ne me suis rendu icy qu'à contre cœur, & que je serois ravi que tout se passât à l'amiable

ble. La proposition que vous me faites est raisonnable pour éviter les conséquences terribles de l'animosité de deux partis, qui ne voudront jamais se rien céder, mais ce que vous exigez de moy n'est absolument point en ma puissance. J'ay ordre de m'employer pour Hélial, mes maîtres me puniroient si je tenois le parti contraire. Je voy bien, répondit le Colonel, que vous ayez des mesures à tenir; hé bien, tout ce que je demande de vous c'est de vous ácommoder le mieux que vous pourrez aux sentimens de ceux qui vous paroîtront les plus raisonnables; je m'en vay mettre la main à l'œuvre pendant que vous marcherez avec vos gens le plus lentement qu'il se pourra, fiez vous en moy, il ne vous en arrivera point de mal sur ma parole: l'expédient que je viens d'imaginer ne sauroit manquer d'avoir un heureux succès. Aussi tôt que le Colonel fut de retour il fit sonner le Cor, comme cela se pratique encore dans des cas extraordinaires; la dessus tout le monde se rend au Palais, les Capitaines & les Soldats paroissent, les Chioux prennent leur place suivant leur rang, & au moment que le Président ouvre la bouche pour s'informer de la cause de cette assemblée extraordinaire, cet oficier s'avance, & leur ayant fait une profonde révérence, ce n'est point icy l'endroit, Messieurs, leur dit il, où il m'apartient de parler, mais j'ay une chose à vous proposer qui est d'une si grande importance, & qui demande si peu de délais, que j'ay pris

la

la liberté de faire sonner l'alarme, pour vous en avertir incontinent. Toutes les troupes de nos aliez sont à nos portes, je les viens moy même de voir dans un équipage capable de donner de la terreur à tous ceux qui ne sont point de leur métier. On diroit à leur mine qu'ils ont été élevez dans le feu & dans le carnage; leur Phisionomie lugubre ne me présage rien que de funeste pour nos habitans; sous prétexte de venir assoupir nos troubles, ils sont tout à fait capables de piller nos maisons, & de faire violence à nos femmes & à nos filles, ils se préparent déja à faire couler des ruisseaux de notre sang. Pour moy je ne crains rien. Dieu m'est témoin que s'il ne faut qu'une seule victime pour la conservation de l'Etat, je suis prêt à m'ofrir moy même en sacrifice; Autrement s'il en faut venir aux mains, j'ay de braves oficiers, & mes Soldats ne sont pas moins bien disciplinez, que vaillans & intrépides, pas un d'eux n'apréhende le danger; mais enfin que peut une poignée de gens contre une armée nombreuse & formidable, & quand nous serons tous hachez en piéces, qui est ce qui vous garantira de la fureur de vos ennemis? Vous êtes sages, Messieurs, vous êtes prudens, soyez aussi politiques; mettez pour ce coup l'équité à part, peut être voudroit elle maintenant que vous choisissiez Hélial pour votre Souverain, ou que vous prissiez Talmusel; c'est un fait dont vous ne conviendrez jamais, les parties sont trop animées l'une contre l'autre. L'intérêt

rêt commun veut pour vous acommoder, & pour éviter votre ruine, que vous jettiez l'œil sur un tiers, personne n'en aura alors le démenti. Monsieur le Lieutenant de Roi, que voila, est sans contredit déja le premier de la ville, il a de l'âge, de l'expérience, de la probité, & toutes les qualitez nécessaires à bien gouverner un Royaume : faites en l'élection sur le champ, & si vous aimez votre bien & votre repos, criez à gorge ouverte avec moy. Vive le Roy Hegbaton, vive le Roy Hegbaton. Les gens de guerre qui n'étoient pas loin de là, entendant une grosse voix repéter plusieurs fois, vive le Roy Hegbaton, & s'imaginant que c'étoit par ordre du Conseil, l'imitérent de toute leur force, plusieurs autres en firent autant, de sorte que cela passa de maison en maison & de rüe en rüe ; on fut tout étonné qu'on savoit à l'autre bout de la ville que Hegbaton avoit été créé Roy. Les Chioux furent ravis de l'expédient du Colonel, ils le remercierent du moyen éficace dont il s'étoit servi avec tant de succès à l'avantage de la Patrie, & confirmérent son élection. Les troupes étrangéres avançoient cependant ; au lieu de faire venir leur Général pour le consulter sur ce que l'on auroit à faire, on luy envoya trois députez, deux Chioux & le Colonel, avec charge de le remercier au nom de tous de la peine qu'il s'étoit donnée, & de la bonté qu'il avoit eue de venir de si loin à dessein de faciliter leur acommodement : ils ajoutérent à cela qu'ils étoient convenus de prendre

dre Hegbaton pour leur Roy, & qu'ils ne manqueroient pas d'en donner connoissance aux Protecteurs leurs Aliez. On fit entrer toute cette milice dans Cambul, & après l'avoir bien régalée pendant six jours, on luy permit de s'en retourner, avec toutes les munitions nécessaires pour le voyage, & chargée de mille benedictions & de remercimens. Du moment que Hegbaton se vit sur le Trône, il éleva le Colonel, qui étoit uniquement cause de son élévation, à la charge de Lieutenant de Roy, que luy même avoit exercée, & luy promit avec serment d'être son ami tant qu'il vivroit. Il fit aussi Hélial Colonel de ses Gardes, tant pour le mettre dans ses intérêts, que pour jetter de la poussiére aux yeux des Chioux, qui avoient tenu son parti: & ayant pris Talmusel auprès de luy, non seulement il le déclara son successeur à la Couronne, parce qu'il n'avoit point d'enfans, il obligea encore tous les Oficiers Politiques & Militaires à aprouver son choix, & à en dresser un acte irrévocable, de peur de nouvelles dissentions après sa mort. On n'en fut point à la peine, le pauvre jeune homme mourut avant luy, de sorte que Helial parvint encore à la Royauté, non obstant tout ce que purent faire les neveux de Hegbaton, qui prétendoient de droit devoir ocuper le Trône après leur oncle. D'abord que le Soleil nous eut dit adieu, nous recommençâmes nos exercices. Bénédoh avoit une cousine germaine, qui après avoir souvent assisté à mes

mes leçons publiques, voulut aussi être témoin de nos observations. Quoi que nonobstant nos précautions, qui n'exposoient que la prunelle de nos yeux à l'air, le froid fût souvent insuportable dans notre observatoire, cette Dame y auroit volontiers passé plusieurs révolutions, si j'avois voulu luy tenir tête, & l'entretenir de toutes sortes de phenomènes Astronomiques. J'avois beau luy dire, pour l'en dégoûter, que dans la Généalogie des sciences, au lieu que la Poësie est dite être fille de l'Amour, le dessein où la Peinture fille du hasard, & ensuite de l'invention, & la Géométrie fille de la nécessité, l'Astronomie n'avo't eu que l'oisiveté pour sa mére ; en ce qu'elle avoit été inventée par les bergers de la Caldée, qui gardant leurs troupeaux pendant les veilles de la nuit, s'étoient apliquez à considérer les étoiles, & à faire des remarques sur leurs diférens mouvemens; cela étoit incapable de la rebuter. Elle avoit pris du dégoût pour tout ce qui avoisinoit la terre, qu'elle croyoit indigne de la moindre de ses méditations, l'armée des Cieux la charmoit, elle en vouloit connoître la marche, les exercices, les mouvemens ; & ce qu'un mortel en peut sçavoir à une si prodigieuse distance. Ce qui luy fit le plus long temps de la peine, étoit pourquoi le Soleil, cet astre si beau, si admirable, & en même temps si nécessaire, se cachoit pendant six mois, & restoit ensuite autant de temps sur l'horison ; mais toûjours à des distances inégales;

les : au lieu que les étoiles fixes, & toutes les constellations, dont je luy avois apris les noms, tournoient toûjours dans des cercles paralléles à l'Equateur. Une autre dificulté, qui la choquoit, & luy faisoit trouver du desordre dans les œuvres de la nature, étoit de voir que les flambeaux célestes tournoient à l'entour de nous. Elle trouvoit qu'il auroit été plus convenable qu'ils se fussent levez d'un côté, & ayant passé par dessus nôtre tête, se fussent allez coucher de l'autre. Et lors que je luy disois qu'il y avoit éfectivement des peuples entiers ausquels cela arrivoit ; que d'autres habitoient directement sous nos pieds, à l'égard desquels ils tournoient de même que pour nous, mais avec cette diférence que tant que nous voyions le Soleil, la Lune, Mars, Jupiter, Saturne, & les autres Planetes, ils étoient hors de la portée de leurs feux ; que réciproquement ils leurs étoient visibles, lors que nous ne les apercevions point ; & que pour ce qui étoit des étoiles fixes, nous ne découvrions jamais celles qui étoient sur leur hémisphére, comme ils étoient absolument privez de la vue de celles, qui paroissoient tous les hivers sur nôtre Horison, où du moins qu'il y avoit en leurs aspects fort peu de diférence pendant la vie d'un homme, parce que ces luminaires n'avancent d'Occident en Orient sur des cercles paralléles à l'écliptique, qu'environ tous les siécles un degré ; cela passoit dans son esprit pour autant de paradoxes. Elle
ne

ne voyoit pas qu'il fût possible, en suposant la terre de figure ronde, qu'elle fût habitée de tous côtez, & qu'il y eût des nations diamétralement oposées les unes aux autres. Tous ces obstacles s'aplanirent pourtant avec le temps : elle n'avoit étudié que trois ans qu'elle entendoit assez bien la Phisique, & que Copernic se seroit fait un plaisir de l'entendre disputer en forme contre les partisans des Sistêmes diférens du sien. Ce qui gâta tout, c'est que cette grande ame eut la foiblesse de se laisser vaincre par celle de toutes les passions dont je la croyois le moins susceptible. Je ne fus nullement surpris de m'apercevoir que l'estime qu'elle avoit pour son maître, se fût convertie en amitié, cela est assez naturel, j'en pourrois citer mille exemples ; mais je restay immobile au moment que je connus qu'à cette amitié honnête & modérée, avoit succédé un amour indiscret & violent, qui ne luy permettoit plus de reposer, ny de prendre des alimens. Elle faisoit néanmoins au commencement des éforts pour empêcher que cela ne parût. Auparavant quand je luy parlois, soit de choses indiférentes, ou de ce qui concernoit les sciences, elle me regardoit hardiment en face, on eût dit qu'elle ne comprenoit pas ce que je luy disois, qu'elle n'eût les yeux fichez sur les miens ; alors au contraire, elle afectoit de tenir la vue baissée, elle ne jettoit presque plus l'œil sur moy, que lors qu'elle n'y pensoit pas. Ce procédé si diférent du premier, me la rendit suspecte, plusieurs de mes écoliers s'en aperçurent aussi bien que moy, & m'en félicitérent en plusieurs rencontres. Je batois toûjours à froid : d'un côté je faisois semblant de ne pas penser qu'elle songeât seulement à moy, & de l'autre, je répondois à mes amis d'une maniére qui leur devoit assez faire comprendre qu'encore que je fusse persuadé qu'ils se trompoient, & que cette Dame étoit trop sage, & connoissoit trop bien ses intérêts pour s'alier à un misérable étranger, ce n'étoit nullement la mon fait. La pauvre fille cependant, qui avoit été en assez bon point, devenoit comme un squélette : j'avoue que j'en avois pitié, mais qu'aurois-je fait d'une femme dans un Pays comme celuy-là, d'où j'étois toûjours dans l'espérance, nonobstant le peu d'aparence qu'il y eût, de sortir avec le temps, & encore d'une femme, qui n'étoit nullement belle, & pour laquelle je ne me sentois aucune inclination : Elle étoit blonde, il est vray, & avoit de parfaitement beaux cheveux, qui luy décendoient jusqu'à moitié jambe, mais elle avoit le front bas & ridé, les yeux ronds & petits, le nez camus, percé de deux trous qui ressembloient mieux aux œillets d'un corps de jupe, qu'à des narines, des joues plates, chargées de rousseurs, une bouche à gencives blanches, & à lévres minces & pâles, qui faisoit le cul de poule toutes les fois qu'elle rioit, un menton pointu, un cou long, point de gorge, autant de sein que sur le plat de la main, de grosses fesses, une épaule plus haute que l'autre : elle étoit de petite stature, un peu boiteuse : enfin c'étoit une fille, dont on peut dire avec vérité qu'autant que l'esprit étoit joli, subtil, & pénétrant, autant le corps étoit mal tourné & desagréable en toutes maniéres. J'aurois voulu de tout mon cœur pouvoir trouver les moyens de luy donner du dégoût pour ma personne; je négligeois souvent pour cela de me peigner, de me laver les mains ou le visage, de me rogner les ongles. J'afectois des postures & des maximes indécentes, comme de croiser les genoux, de me curer les dents, de bailler, de m'alonger, de m'apuyer sur la table, de humer, de laper, & de faire bien du bruit en mangeant & en buvant, je l'entretenois de mon âge, & des infirmitez dont je commençois à être menacé, sur tout après avoir eu une décente étant jeune, de laquelle je feignois n'avoir pas été bien guéri, ce qui faisoit que je ne retenois mon eau qu'avec peine : j'ajoutois à cela que j'étois sujet aux hémorroïdes, qui rendoient une puanteur insuportable. Je luy parlois brusquement, & paroissois indiférent aux plus empressées de ses caresses. Tout cela ne la dégoûtoit point ; le pretexte de mon savoir, joint à une grande préocupation, luy ouvroit un champ libre pour me dire tous les jours de nouvelles douceurs, & entretenir les autres de mille belles choses à ma louange. Vous êtes heureux, Mésange, me disoit elle quelquefois, de ce que le Ciel vous

a favo-

a favorisé de tant de graces : on trouve des gens qui ont bon air, qui sont bien tournez, bien faits, qui ont de la beauté & des manières tout à fait engageantes : on en voit d'autres qui ont de la pénétration, ou de la vivacité, ou du jugement, ou de la mémoire, ou quelqu'autre qualité spirituelle : vous possedez l'un & l'autre dans un dégré éminent, & êtes l'abrégé & le racourci de toutes les perfections. Ce sont des dons singuliers ausquels vous n'avez point contribué, mais ce qui est admirable, & en quoi vous êtes infiniment à louer, c'est que vous avez ajouté l'art à la nature. Vous avez fait valoir les rares talens dont la Providence vous a fait le dépositaire. Vous devez l'un à votre étoile, & vous êtes redevable de l'autre à votre travail. En éfet, combien de langues n'entendez vous pas? vous savez l'Histoire de tout le monde : il n'y a point d'Empires que vous ne connoissiez, point d'Etats dont vous ne sachiez l'origine, la naissance, les alliances, & la mort des grands ; les révolutions, qui sont arrivées dans les Monarchies, les guerres, les troubles, les changemens de religion, les pestes, les famines, rien ne vous est caché ; vous n'ignorez ny leur temps, ny leurs circonstances. Si on parle de Jurisprudence, vous citez les Loix de la plupart des peuples de l'Univers, & vous observez religieusement celles de l'équité. Il n'est point de sortes de contracts, d'obligations, de testamens, ny d'écrits de quelque teneur ou

nature qu'on les defire, que vous ne dreffiez
vous mêmes dans les formes; & vous plaidez comme un Avocat. Vous entendez à
fond la fcience des grandeurs. Il n'eft point
de Philofophe qui vous égale. Le deffein
vous eft extrémement familier, j'en ay vû
des échantillons, qui étoient inimitables:
pour en être convaincu il ne faut que jetter
les yeux fur le Portrait du Roy, dont les
traits délicats, & tirez d'une fimple plume
font fi femblables aux fiens, qu'il ne luy
manque que la parole pour être un fecond
luy-même; vous chantez à ravir, & jouez en
perfection de toutes fortes d'inftrumens. Vous
connoiffez au poux, à l'urine, aux diférens
fimptomes des malades, la caufe de leur indifpofition: vous réglez leur régime & maniére de vivre, vous leur donnez des médicamens, des vomitoires, des purgations
des fudorifiques, & tout ce qui eft capable
de les foulager dans leurs maux, & de leur
rendre la fanté. Enfin vous êtes univerfel
& je doute qu'à tous égards on puiffe trouver votre femblable. Comme je n'ay jamais
aimé la flaterie, je confidérois très peu le
véritable motif de tant de fades douceurs
je n'en voyois la profufion qu'avec chagrin
& fouvent au lieu d'y répondre par quelque chofe d'aprochant, comme la civilité
& l'honnêteté le vouloient, je tâchois de
l'interrompre en parlant à d'autres, ou en
luy tournant le dos. Elle foufroit ces duretez patiemment, comme fi elle s'en fût
fait un mérite; & qu'elle en eût dû recevoi

voir une grande récompense. S'il m'arrivoit d'y faire réflexion dans la suite, je ne manquois guére d'en avoir un sensible regret, & de la plaindre de toute mon ame. La derniére fois qu'elle me tint un pareil langage. Je n'aime point l'ensens, Zémimire, luy dis-je, car c'est ainsi qu'elle s'apelloit, & je suis incapable d'en faire fumer sur vos autels; vous vous trompez si vous me louez à ce dessein. Quand j'ay à dire du bien de quelqu'un, je le dis en son absence, de peur de luy donner de la confusion ou de la vanité. Je sçay ce que vous valez, & mes infirmitez ne me sont pas inconnues. Si j'ay aquis un peu de sçavoir, ç'a été à la sueur de mon front; vous savez par vous même ce qu'il en coûte à ceux qui cultivent les sciences; vous prétendez qu'elles me sont extrémement familiéres, & que j'en traite avec plus de facilité que la plupart des Docteurs; cela peut être; il me siéroit pourtant mal de m'en glorifier, & vous me ferez plaisir de ne m'en pas entretenir une autre fois. Quand nous sommes ensemble c'est pour parler de nos afaires; faites moy des objections, étalez les progrès que vous avez faits, les dificultez qui vous arrêtent; je vous répondray à tout, mais encore un coup, ne touchons point aux qualitez personnelles; si on les blâme cela m'irrite, & si on les exalte, ce que l'on en dit m'est toûjours suspect. Zémire parut toute mortifiée à ce discours, qu'elle prit pour un reproche, ou une correction, à quoi elle ne répondit pas un mot;

elle

elle se contenta de faire une profonde révérence, & de quiter la compagnie, qui ne paroissoit pas non plus fort édifiée de mon procédé. Une heure après je fus surpris de voir un jeune garçon entrer dans ma chambre, qui me fit des complimens de Zémire, & me mit en main un manuscrit, que je luy avois prêté, & dans lequel je trouvay ce

BILLET

A M'ESANGE.

Vous avez beau, mon cher Mésange, vous recrier contre les justes éloges que je fais de votre personne, & protester du tort que vous prétendez que l'on vous fait de vous entretenir de vos perfections, je prens cela comme un éfet de votre modestie, qui ne sauroit soufrir qu'on luy aplaudisse en public. J'espere, maintenant que je vous parle en secret, que vous serez plus souple & moins rigide que vous ne me l'avez paru incontinent. Mais dûssiez vous de nouveau vous en fâcher, je vous le dis comme je le pense, & sans aucun dessein de vous formaliser, vous n'avez rien que je n'admire, tout ce que vous faites me plait, je vous estime, je vous aime, je vous cheris, je vous adore. Si vous êtes insensible à une déclaration de cette nature, j'avoue que vous êtes moins parfait que je ne me l'étois imaginée, puisqu'il ne faut que du naturel pour pencher du côté de ce qui s'incline vers vous. Mais encore quand

cela

cela seroit je ne laisseray pas d'avoir toûjours pour vous du respect & de la tendresse. Ce ne sont point des vûes mondaines, ny un interêt particulier, qui me portent à cela, je n'y vay que par un principe de reconnoissance, & par des mouvemens sincéres de la passion avec laquelle je suis véritablement toute à vous,

ZEMIRE.

Je ris en faisant la lecture de ce Billet, mais en même temps j'en apréhenday les suites : je savois jusqu'où une femme méprisée est capable de pousser sa fureur ; l'amour a beau être ardent dans l'objet le plus passionné, l'indiférence le glace, & ne manque guére à luy faire succéder une haine mortelle, qui n'oublie rien pour se venger. Je n'avois point à faire icy à une fille du commun, elle apartenoit aux principaux de la ville, avec lesquels j'avois des mesures à garder : dans cette pensée, voicy ce que je me crus indispensablement obligé de luy répondre.

BILLET

A LA

SAVANTE ZEMIRE.

Vous avez raison, aimable Zemire, d'atribuer à la présence d'une multitude de témoins, souvent indiscrets & jaloux, la cause du froid avec lequel j'ay répondu aux obligeantes louanges que vous m'avez données. Quoi que tout ce que vous avez dit sur ce sujet passe dans mon esprit pour un éfet de votre préocupation en faveur d'un homme qui ne le mérite point, je ne laisse pas de vous en avoir une obligation infinie. Vous pouvez être assurée que je n'ay point de sentimens moins avantageux de tout ce qui vous regarde. Tant que vous avez été écoliére, vous n'avez pas discontinué de me donner des marques évidentes de l'étenduë de votre bel esprit : à la moindre ouverture que je vous ay faite dans des propositions abstraites & épineuses, vous n'avez guére manqué d'en trouver la solution, d'en tirer des conséquences avantageuses, & de vous en servir à découvrir des véritez ausquelles je n'avois point pensé, ou que je croyois au dessus de la portée des hommes. Ces belles qualitez sont estimables par elles mêmes, mais elles reçoivent encore un grand éclat des sublimes vertus dont vous avez soin de les acompagner, & qui véritablement ne les abandonnent non plus que l'ombre le corps. C'est là le véritable motif qui vous atire toute mon estime : aussi vous ai-je préférée à tous ceux qui ont eu part à mes enseignemens : c'est une vérité que vous ne sauriez ignorer. Je ne vous ay rien caché de ce que je say, j'en prens le Ciel à témoin, & me faisant un plaisir de vous éclaircir les matiéres les plus dificiles, je me suis toûjours cru bien récompensé, de ce que vous vous y apliquiez avec zèle, & y travailliez avec succès. Mais je

veux

veux bien vous avertir que j'ay souvent afecté de ne vous pas donner des loüanges proportionnées à vos mérites, & de ne vous pas témoigner la sincére afection que je vous portois, pour des raisons que je ne saurois vous dire. J'observeray les mêmes maximes à l'avenir, je vous aimeray sans le publier; je consens que vous ayez de même pour moy les sentimens du monde les plus avantageux, moyennant que vous me les cachiez, & que vous ne laissiez pas de rester persuadée que je suis votre très humble Serviteur,

P. DE MESANGE.

Le lendemain Zémire vint à son ordinaire au Collége, mais encore plus déconcertée qu'auparavant. De jour à autre on la voyoit changer à vue d'œil; on eût dit qu'elle devenoit stupide; elle étoit si distraite que souvent on luy demandoit trois ou quatre fois une chose avant qu'elle y répondît. Il étoit impossible en cét état, qu'elle fît plus aucun progrès dans les sciences: aussi ne s'en entretenoit elle plus avec mes autres diciples, qu'elle avoit tenus pour la plupart en haleine, & sans laquelle ils n'auroient eu que peu ou point d'émulation. J'avois beau être d'un naturel insensible, cela me donna du chagrin, tant par raport au desordre où je voyois cette pauvre fille, que parce que j'en étois la cause, & que je ne me pouvois pas resoudre à y aporter du remède. Je n'en fus pourtant pas quite pour cela; j'eus j'eus le malheur, l'été suivant, de me laisser tomber de tout l'escalier de la grande Salle, & de me casser le bras droit, un peu au dessus du poignet. Ce fâcheux accident, qui m'obligea à tenir long-temps la chambre, à cause des fiévres, qui l'acompagnoient, & de plusieurs simptomes diférens, qui firent douter de mon retour à la plupart de mes amis, m'atira les visites de tout ce qu'il y avoit d'honnêtes gens dans Cambul. Zémire ne fut pas la derniére à me venir témoigner la part, qu'elle prenoit à ma disgrace; elle le fit avec beaucoup de modestie, mais par des expressions qui faisoient asfez connoître qu'elle souffroit avec moy des douleurs que je sentois. Je ne say de quel biais je m'y pris pour marquer l'obligation que je luy en avois, mais je m'aperçus fort bien que cela éfaça de sa mémoire tout le mauvais traitement que je luy avois fait jusqu'alors, & qu'elle en conçut de nouvelles espérances; voicy la Lettre qu'elle m'écrivit le lendemain à ce sujet.

BILLET.

A Mr. DE MÉSANGE.

Je prens le Ciel à temoin mon cher Mésange, que le fâcheux état où je vous trouvay hier m'a fait pitié, il me tient si fort au cœur que je doute si je n'en soufre pas plus que vous même: cependant je ne say s'il ne m'eût pas

pas été bon que vous eussiez été plutôt malheureux. Dans l'espace d'une révolution vous êtes changé de la nuit au jour. Tandis que vous avez été sain, & à l'abri des revers de la fortune, vous m'avez paru d'une fierté insuportable : toûjours rude, toûjours austére, toûjours méchant. Par tout vous vous êtes prévalu du droit que vous donne sur vos écoliers le caractére de Maître : j'en étois venue jusqu'à n'oser plus vous regarder en face, ny ouvrir la bouche devant vous. Aujourd'huy vous voila entiérement humanisé ; vous êtes civil, vous êtes honnête, je ne sache point de termes doux & carressans, dont vous n'assaisonniez les actions de graces, que vous croyez devoir rendre à ceux qui vous vont presentement visiter. D'où vient cela, Mésange, ne sauriez vous être de bonne humeur qu'en souffrant ? faudra-t-il souhaiter votre mal pour s'assurer de vivre bien avec vous, & au lieu des vœux ardens, que j'ay faits pour votre prospérité, & qui ne m'ont jamais atiré que votre disgrace, implorer d'enhaut des châtimens pour vous humilier ? A Dieu ne plaise que ma satisfaction m'engage dans un pareil crime, & vous coûte en même temps si cher. Non, dûssiez vous me haïr plus que jamais, je prieray incessamment pour votre convalessance : je vous verray, je vous serviray, je veilleray auprès de vous toutes les fois que cela sera nécessaire, & je vous forceray d'avouer que suis véritablement Votre Amie,

ZEMIRE.

J'étois en si mauvais état lors que je reçus ce Billet, que je ne me sentois pas capable d'en faire seulement la lecture : je l'avois jetté sur ma couverture, & il ne m'en souvint que le lendemain, au moment que Zémire vint elle même s'informer de l'état de ma santé. A peine m'eut elle salué que sa lettre parut à ses yeux au même état qu'elle me l'avoit envoyée, c'est à dire pliée, & fermée d'un peu de cole, à la mode du Pays. Elle palit à la vue de cet objet, elle demeura quelques momens interdite, après quoi le feu luy étant monté tout d'un coup au visage. Comment, Monsieur le Professeur, me dit elle, je vous croyois métamorphosé à mon avantage, & au contraire, je trouve maintenant que non content de dédaigner ma personne, vous méprisez ce qui vous est envoyé de ma part, jusqu'à ne vouloir pas seulement prendre la peine de le voir, assurément c'en est trop ; & alongeant la main, elle s'en seroit saisie, si je n'avois pas été assez prompt pour la prévenir. M'en voyant le maître, je voulus la payer de raisons, & luy faire mes excuses, mais à peine me donna-t-elle le temps de proférer une parole, elle me quitta brusquement, & refusa de m'entendre. A-dieu, ingrat, s'écria-t-elle, en sortant, jamais vous ne me reverrez chez vous que vous ne changiez de maximes, & que vous ne mettiez à ma discrétion le juste châtiment que vous méritez. Quoi qu'au fond je n'eusse point de tort, je ne laissay pas de blâmer mon imprudence, & de faire un é-

fort

efort pour luy écrire, nonobstant mon extrême débilité : voicy ce que je luy marquay.

BILLET
A LA
CHARMANTE ZÉMIRE.

„ Vous êtes juste, Zémire, mais vous
„ êtes aussi trop précipitée dans vos juge-
„ mens, je l'ay souvent remarqué dans nos
„ disputes publiques, & le dernier que vous
„ venez de faire, en conséquence duquel
„ vous m'imposez la peine insuportable d'ê-
„ tre bani de votre presence pour jamais,
„ me confirme dans la pensée où j'étois que
„ je ne me suis point trompé. Croyez moy,
„ je ne suis pas aussi coupable que vous me
„ faites. Les aparences y étoient me direz
„ vous, & ces aparences avoient si bien em-
„ prunté l'image de la vérité, que je ne pen-
„ sois pas qu'on s'y pût tromper. Je l'a-
„ voue : mais cela ne sufit pas pour porter
„ un Philosophe à prendre parti, & à se dé-
„ terminer entièrement. Si vous aviez eu
„ la patience de m'écouter avant que de vous
„ enfuïr, comme vous ayez fait, je me flate
„ que vous n'auriez pas voulu que j'eusse
„ alégué plus de trois mots pour ma défen-
„ ce. Ouy, Zémire, il n'est pas moins
„ vray que je vous le dis, que je n'ay pas

eu

,, eu la force d'envisager la personne, qui
,, m'est venu rendre votre Billet, & dût il
,, m'en coûter la vie, je ne saurois dire que
,, par conjecture, si ç'a été ou un garçon: ou
,, une fille: la douleur m'obsédoit si fort qu'-
,, elle m'a permis simplement de luy ordon-
,, ner de le jetter sur mon lit, jusques à ce
,, que le mal me donnât assez de relâche
,, pour le voir,&de prier cette personne qu'elle
,, n'oubliât pas cependant de vous faire mille
,, complimens de ma part. Quelque temps
,, après j'ay senti un peu d'alégement, &
,, comme j'étois acablé de sommeil, je me
,, suis insensiblement endormi, sans avoir
,, eu le loisir de réfléchir sur ce qui s'étoit
,, passé. Ce somme a duré trois ou quatre
,, heures, & je vous jure que je ne faisois
,, que de me réveiller quand vous êtes en-
,, trée dans ma chambre. La précipitation
,, avec laquelle vous avez avancé votre main
,, vers moy, m'a fait comprendre dequoi il
,, étoit question, & l'apréhencion ou j'étois
,, de manquer mon coup, m'a rendu assez
,, present & assez promt pour empoigner a-
,, vant vous, ce que vous croyez l'objet de
,, mon mépris, & qui l'est véritablement de
,, toute mon estime. Je l'ay vû du depuis à
,, loisir ce charmant Billet, je l'ay baisé, &
,, & ay loué mille fois la main qui en a for-
,, mé les traits. Je ne vous y réponds point,
,, Madame, je n'ay pas assez de vigueur pour
,, cela, & la main gauche dont je me sers,
,, pour me disculper, n'est pas assez acoutu-
,, mée à manier une plume, pour me permettre

„ mettre de m'en servir à cette heure davan-
„ tage: ce qu'elle fait presentement doit mê-
„ me passer pour un prodige, puis qu'elle
„ n'en avoit jamais fait l'essay. Jugez par
„ là, Madame, de ce que je serois capable
„ d'entreprendre pour éviter votre couroux,
„ & me conserver votre amitié. Mais sou-
„ frez que je mette fin à ce discours, je n'en
„ puis plus je vous assure, venez moy voir
„ le plus vite que vous pourrez, s'il vous
„ plait, & je tâcheray de vous persuader de
„ bouche, que s'il y a personne au monde
„ qui mérite la continuation de vos soins,
„ c'est votre très humble serviteur,

P. DE ME'SANGE.

Ce Billet ne manqua pas de faire son éfet, ma maitresse vint, & elle me demanda même excuse de ce qu'elle s'étoit laissée tromper par les aparences, & avoit condamné mon procédé avant que de m'entendre. S'il faut rendre témoignage à la vérité, je seray obligé d'avouer que jamais fille n'eût plus de soin d'un malheureux Etranger que celle là en prit de moy, jusques à ce que je fusse entiérement guéri. Elle ne manqua pas un jour, pendant près de trois mois, que je garday la chambre, de me venir voir une ou deux fois, souvent elle passoit des heures entiéres auprès de moy, & employoit le reste du temps à aller chercher chez ses amis ce qu'ils avoient de meilleur & de plus propre à exciter mon apétit. Elle ne se con-
ten-

tentoit pas de voir que le Roy se faisoit un plaisir de partager avec moy ce qui venoit de plus précieux sur sa table, il faloit qu'elle y ajoutât quelque chose du sien, où elle n'auroit pas été contente. Avec tout cela, il faut que je le dise à ma honte, je restay néanmoins insensible, & guéris entiérement sans avoir senti pour elle les moindres ateintes de l'amour. Bénédon voyant que les afaires demeuroient toûjours en un même état, ne put s'empêcher de m'en témoigner son étonnement. Assurément, me dit il un jour, il faut que vous soyez d'un tempérament bien singulier, ou un grand ennemi du beau sexe. Voila plusieurs années que l'on peut dire, pour parler juste, que ma cousine vous fait l'amour, sans que vous ayez répondu à ses instances qu'avec la derniére froideur. La voulez vous, ou ne la voulez vous pas? à quoi tient il, je vous prie, que vous n'en fassiez votre femme? Ma femme, Sire, répondis-je, il n'est pas vrai-semblable qu'elle pense à cela, elle est trop sage pour faire une aliance de cette nature; du moins j'ay cru jusqu'à present que je l'ofencerois si je luy faisois seulement remarquer que ce fût là mon sentiment. Ne dites pas cela, reprit Bénédon, je say de bonne part qu'elle vous aime, & que nonobstant vos maniéres d'agir, qui devroient l'avoir rebutée il y a long-temps, elle vit toûjours dans l'espérance de vous avoir un jour pour son mari : il y a bien des gens qui le verroient volontiers, & à vous parler ingénument, je n'en serois pas fâché,

Je

Je croy que tout ce que vous me dites, Sire, repliquai-je, n'est que pour vous divertir, mais suposé qu'il fût véritable, il ne seroit pas en ma puissance de répondre au desir que vous auriez l'un & l'autre de me rendre heureux. J'ay été Religieux en France, tous ceux qui sont de l'ordre auquel je m'étois consacré, & qui sont initiez dans ses mistéres, sont exclus de ce sacrement, ou si vous voulez, de cette cérémonie. Le vœu que j'ay fait subsiste toûjours, mon absence ne me dispense de rien : quoi que je sois hors du Couvent je ne laisse pas d'être sujet à la dicipline éclesiastique ; & cela étant je ne saurois m'empêcher d'observer à la rigueur les saintes Loix du célibat, que j'ay embrassées en prenant volontairement l'habit de Cordelier. Si cela est, dit le Roy, vous avez tort de ne luy avoir pas témoigné cet obstacle : il y a mille ocasions où vous auriez pû faire venir cela à propos sans que personne se fût aperçu de votre dessein. Je ne say si je l'ay fait ou non, Sire, repliquai-je, du moins je n'ay pas pensé que cela fût nécessaire dans un lieu où je ne voyois aucune aparence qu'une fille comme celle là, me voulût honorer de son amour. Peut être est il trop tard, cependant je tâcheray encore d'y aporter du remède. En éfet, la premiére fois que je vis la Dame depuis en particulier, je vous dois la vie Zémire, luy dis-je, sans vous je ne serois plus : je suis ravi d'avoir une si grande obligation à une écoliére, dont la vertu est à l'épreuve, & les mê-

mérites au dessus de tout ce que l'on peut imaginer ; mais je suis au desespoir de ce que je me voy dans l'impuissance de le reconnoître. Je ne possede rien qui soit digne de vous être presenté, mon propre corps ne m'apartient pas, il est vendu à un autre; quand même je serois assez téméraire pour oser vous l'ofrir, tel qu'il est, je n'aurois pas le credit de vous le livrer : Il y a des années que je l'ay donné à Dieu, il est à luy, il n'est plus au monde, je commettrois un Sacrilége, en le luy ôtant, qu'il ne me pardonneroit jamais. Tout ce que vous venez de me dire là, reprit elle, est une énigme obscure, dont je ne comprens, ny les paroles, ny le sens. Expliquez vous, je vous en prie, si vous voulez que je vous entende : parlez à cœur ouvert, ne biaisez point, je vous donne la liberté de me dire tout ce qui vous viendra dans l'esprit : vous ne devez point apréhender que je m'en formalise. He bien, Madame, luy répondis-je, puisque vous le voulez ainsi, il faut vous déclarer que je suis au desespoir de ne pouvoir pas me proposer pour prix des soins que vous avez pris de ma personne pendant mon indisposition, & de tout ce que je vous dois d'ailleurs; j'ay fait vœu de ne me marier jamais, il ne m'est pas permis de me rétracter, je ne saurois prendre une femme sans me damner : mon ame m'est trop précieuse pour la perdre, il n'y a rien au monde, au contraire, que je ne donnasse pour la sauver. En récompense je vous ofre très hum-
ble-

blement mes services, disposez de moy, je vous en conjure, comme d'un bien qui vous apartient en propre: parlez, je vous écouteray, commandez & vous serez obéïe. Est-ce là, Mésange, pour parler un même langage que vous, & lever entiérement le masque, est ce là la monnoye, dit elle alors, dont vous prétendez me payer, & la récompense de tous les mouvemens que je me suis donnez pour vous plaire? Vous m'avez été suspect il y a long-temps, cependant j'ai toûjours vécu dans l'espérance de triompher un jour de votre cœur insensible: presentement que je croyois en être venue à bout, vous avez recours à un voeu chimérique, en vertu duquel un mariage légitime avec une femme, qui ne vous le céde en quoi que ce soit, vous est interdit. Avouez le franchement, il n'en sera ny plus ny moins pour cela, n'est il pas vray que ce procédé est injuste, & tout à fait indigne d'un Philosophe? Quoi, parce que vous avez engagé témérairement votre parole à Dieu de tuer un homme, vous ne sauriez laisser la vie à celuy qui s'abandonne à votre mercy: ou à cause que vous avez juré de ne vous pas noyer, vous persistez opiniatrément dans la résolution de ne pas boire une goute d'eau de toute votre vie: assurément cela est ridicule. Il y a bien de la diférence de l'un à l'autre, Madame, luy répondis-je, la Société dont je suis membre ne me permet pas de me souiller, le célibat est une pénitence atachée à mon ordre, qui ne peut être
qu'a-

qu'agréable au tout-puissant, au lieu que je ne saurois sans devenir criminel, me proposer formement d'ôter la vie à mon semblable, bien loin d'en venir à l'exécu…. Je say ce que vous voulez dire interrompit elle, ce sont des cas qui varient selon les circonstances : quand on est en guerre, c'est une vertu d'exterminer ses ennemis, dans une autre ocasion, ce seroit un crime digne d'une punition exemplaire : on peut aussi ne se jamais mettre en ménage, cela n'est point défendu à present, comme il l'a été, parmi nous autrefois, mais je nie qu'il soit permis de s'engager par un vœu solemnel à ne se point marier. L'homme & la femme ont été créez l'un pour l'autre, la nature demande qu'ils se joignent par le mariage, & je croy fermement que si YOMAHA s'exprimoit sur ce chapitre là, il commanderoit à tous les animaux d'observer soigneusement les Loix de l'union, qu'il semble avoir imprimées dans les cœurs de toutes les Créatures vivantes. Si vous avez des Sociétez d'hommes parmi vous, qui se privent de la compagnie des femmes de propos délibéré, je vous jure que si j'y avois du crédit, je les mettrois en un état, qui les obligeroit peut être malgré eux, à ne pas violer leur promesse. Une de ses voisines, qui entra là dessus brusquement pour causer un moment avec elle, m'empêcha d'éclater de rire à l'ouie de cette sentence Turque, qui érigeoit des Serrails sur les ruines de tous les Couvents, & qui ne vouloit point d'Eunu-
ques

ques de volonté mais d'éfet. Je fus bien aise de voir par là interrompu un discours, que nous n'aurions pu continuer sans nous chagriner de part & d'autre. De peur d'y retomber je me prévalus de cette visite pour sortir. La première fois que je vis le Roy du depuis, je luy fis un recit de la conversation que j'avois eue avec sa cousine. Il me dit tout net qu'il étoit de son opinion. Il traitoit nos Religieux de ventres oisifs, de fardeaux inutiles dans un état, de sansues, qui vivent de la substance de la veuve & de l'Orphelin, d'Hipocrites, de Scélérats, & de tout ce qu'il y a de méprisable, & digne de la haine des honnêtes gens. J'eus beau luy representer que la sainteté de ces ames devotes, apaisoit l'ire de Dieu, excitée par les péchez énormes des autres habitans de la terre, qui sans cela ne pourroient jamais éviter d'être exterminez & réduits à néant : que par leurs œuvres de surérogations, ils gagnoient le paradis pour des milions de pauvres pécheurs qui méritoient la mort éternelle : qu'ils ne cessoient de prier pour les morts & pour les vivans ; & qu'ainsi il ne pouvoit jamais y en avoir trop dans un Pays, il se moqua ouvertement de moy, & manqua de me cracher au nez. Je vous ay estimé autrefois pour votre savoir, me dit il, mais à l'avenir je ne vous regarderay plus que comme un fanatique. Ne vous emportez pas, Sire, repris-je, vous êtes né dans une religion, je suis élevé dans une autre : la diférence de celle-cy, à celle-là, cause la diversité

sité de nos sentimens, mais quoi que cette diversité engendre souvent la haine, ce n'est ordinairement que parmi le commun & les ignorans : Vous êtes trop sage pour les imiter en cela, & je ne saurois m'imaginer que vous puissiez avoir du mépris pour celuy qui a été jusqu'à present l'unique objet de votre estime. Il est vray que je vous ay aimé comme moy même, continua-t-il, mais c'étoit faute de vous avoir consideré de tous les côtez; j'ignorois que vous afectassiez des maximes, qui sont en elles mêmes détestables. En éfet, cela n'est il pas horrible d'entendre de la bouche d'un miserable mortel, qui se met luy même du nombre, qu'il y a des animaux à figure humaine capables de soutenir impunément que leurs actions doivent être mises en conte devant l'Être des Etres, & qu'ils font des œuvres méritoires, non seulement pour eux mêmes, mais généralement pour tous ceux qui les employent ou les payent pour cela. Nous ne nous repaissons point de chiméres, cela est réservé à des Hipocondriaques comme Raoul, vous, ou vos semblables, qui pénétrez dans l'avenir, & vous flatez d'y entrevoir des tresors immences, dont vous devez joüir pendant toute l'éternité. Nous nous comtentons des biens temporels, dont la Providence nous fait part dans cette vie ; ils ne sont point à comparer aux autres, cependant pour simples qu'ils soient, nous avoüons ingénument que nous sommes indignes de les posséder ; & que si celuy qui en est l'Auteur nous les donne, ce
n'est

n'est que par une pure bonté, une grace toute particuliére. Ah ingrat, ajouta-t-il, comment seriez vous reconnoissant des soins d'une pauvre fille, qui a risqué de se donner la mort pour vous conserver la vie, non plus que de la protection d'un Roy, qui vous a honoré de toute son estime, & vous a fait rendre des honneurs, qui ne sont dus qu'à lui seul, puis que vous avez l'insolence de publier que le Monarque Souverain de l'Univers, après vous avoir tiré du néant, & vous avoir fait part de mille biens jusqu'à ce moment, vous en doit encore beaucoup de reste? assurément cela fait frémir. Pardonnez moy, Sire, si je vous dis que.... Il n'y a point de Sire qui fasse, interrompit-il, tant que vous plaiderez pour une si détestable cause, & que vous ne changerez point de sentimens, je ne ne vous écoute plus, & vous me ferez même plaisir de ne vous plus presenter devant moy. Est il possible, dis-je alors en moy même, est il possible qu'il y ait si peu de fond à faire sur un homme, & qu'il soit capable de passer d'une extrémité à l'autre en si peu de temps? Je m'en allaî de ce pas me plaindre de mon infortune à un Chiou, qui m'avoit toûjours paru fort de mes amis. Je ne m'étonne point, me dit il, de ce qui vous est arrivé: le Roy a eu ce mariage en vuë il y a du temps, il a vécu jusqu'à à cette heure dans l'espérance que vous auriez enfin des égards pour une personne qu'il considére, & qui est même sa parente; presentement que vous refusez tout

tout à plat de l'épouser, il s'imagine que cela ne peut venir que d'un principe de mépris, & conclut que c'est très mal reconnoître les obligations que vous luy avez. J'avoue, luy répondis-je, que Bénédon a eu des égards pour moy, dont je suis entièrement indigne, & desquels je me ressouviendray tant que je vivray : mais s'ensuit il de là qu'il doive devenir mon Tiran ? Pourquoi veut il forcer mes inclinations, & m'obliger en même temps à fausser le serment que j'ay fait de ne me jamais joindre à une femme. Il y a des gens, reprit il, qui s'aiment à la folie le premier jour de leurs nôces, lesquels se haïssent le lendemain comme la mort : au lieu que d'autres qui se regardoient hier avec indifférence & froideur, ne sauroient vivre aujourd'huy sans se donner à tout bout de champ des marques sensibles de leur tendresse. Cette inclination, que vous n'avez pas encore seroit venue avec le temps : & pour ce qui est du serment par lequel vous voulez autoriser votre procédé, c'est un prétexte qui n'est pas recevable parmi nous. C'est pourtant ce qui fait le plus grand obstacle à ce prétendu mariage, continuai-je, & il est même si grand que bien loin de le lever, j'aimerois mieux abandonner Cambul pour toûjours que d'en avoir seulement la pensée. Si cela est, dit le Chiou, je vous conseille de n'y pas rester : sans la protection du Roy, qui vous a tenu comme son frère, il n'y aura pas grand agrément pour vous. La Reine est accouchée heureusement de deux garçons,

çons, comme vous savez, il faudra faire part de cet agréable événement aux autres villes, si vous m'en voulez croire, vous demanderez la permission d'être de l'ambassade, & en passant, vous pourrez rester dans l'endroit qui vous reviendra le mieux, ou bien là où l'on vous fera le plus d'accueil. Si je sors d'icy, luy répondis-je, j'iray demeurer à Méraide, c'est à mon sens le plus beau lieu de tout ce continent. Mais avant que d'entreprendre ce voyage, obligez moy d'en parler au Roi, & de pressentir si mon éloignement luy fera plus de plaisir que ma presence. Cela est tout à fait inutile, reprit il, ceux qui connoissent Bénédon sçavent bien qu'il peut cesser d'aimer, mais qu'il ne pardonne jamais : cependant je le feray, & je vous iray moy même porter la réponse. Le Chiou me l'avoit bien dit, deux jours après il me vint confirmer sa pensée, & y ajouta pour surcroît d'affliction, que le Roy me souhaitoit un heureux Voyage, & plus de prudence à l'avenir que je n'en avois montré auprès de luy. Ce compliment, d'un homme avec qui j'avois vécu si familiérement, & sur lequel je faisois fond comme sur moy même, me parut si dur, que j'en pensay mourir de déplaisir : je tins le lit pendant trois jours, mais enfin ayant fait réflexion sur l'inconstance des choses du monde, je revins à moy, & m'aprêtay pour aller chercher fortune ailleurs. Peu de temps après nous partimes, sans que je disse adieu qu'à quelques uns de mes plus intimes amis. A la première cou-

chée je restay le plus déconcerté de tous les vivans, lors que le Lieutenant des gardes, qui commandoit notre escorte, me tira à quartier, & me regardant en face. Zémire m'a chargé de vous massacrer en chemin, Monsieur de Mésange, me dit il, & il a falu que je le luy aye promis, mais je serois bien fâché de luy tenir parole: cependant afin que je la puisse payer de quelque raison, & luy dire qu'ayant d'abord disparu, vous ne m'avez pas donné le temps ny l'ocasion de la contenter, priez cinq ou six de mes Soldats de prendre avec vous les devans jusque près de Daïla, afin de vous y rendre avant moy, & vous cacher en quelque endroit où je ne vous voye pas, & quand notre Ambassade sera faite il ne tiendra qu'à vous d'aller vous établir là où bon vous semblera. Je le remerciay très humblement de sa bonté, & profitay de ses salutaires Conseils, mais non pas sans réflechir sérieusement sur la damnable résolution de Zémire, qui ne vouloit rien moins que mon sang pour se venger du mépris qu'elle s'imaginoit que j'avois eu pour son amour. Quoi que l'on me fit bien de l'acueil dans ce lieu là, je n'y restay qu'environ un mois: une commodité favorable s'étant présentée pour Persac, je ne crus pas la devoir négliger: en suite je passay à Méralde, comme à la ville la plus belle & la mieux située de Russal, & où il y avoit long-temps que je me serois retiré, si la personne de Bénédon & la mienne ne se fussent pas présentées à mon esprit comme
insé-

inséparables. En arrivant j'allay trouver deux de mes anciens camarades, l'un Holandois, l'autre Walon, nommez Pierre & André, qui demeuroient ensemble, & qui voulurent bien me faire part de leur logement: je savois qu'ils étoient encore en vie, & tout le monde les connoissoit, de sorte que je ne fus pas en peine de les chercher long-temps. Je fus en suite faire la Révérence au Gouverneur : il étoit parfaitement bien informé de la raison pour laquelle j'avois quité Cambul, & il n'ignoroit pas sur quel pié j'avois été là jusqu'au moment de ma disgrace. Vous avez eu tort mon cher ami, me dit il, de vous brouiller avec Bénédon, pour une afaire qui ne pouvoit que vous aporter de l'avantage, ou vous deviez franchement luy avouer que vous êtes impuissant, & non pas vous servir de prétextes vains, qui ne pouvoient qu'aigrir votre bien faiteur. Impuissant, Seigneur, repliquai-je ne...... Laissons cela, interrompit il, c'est une question qui est entre vous, cela ne me touche point : vous êtes à couvert d'un incident semblable en cette ville, où vous pourrez rester aussi long-temps qu'il vous plaira sans courir aucun risque d'être molesté de personne, puis qu'on vous connoît, & que vous y serez sous ma protection. Comme nous vivons l'un avec l'autre, pour ainsi dire, en communauté de biens, rien du tout ne vous manquera, pour peu que vous vouliez vous ocuper à quelque chose, car nous n'aimons point les paresseux. En atendant qu'on y ait pourvû, vous n'avez que faire d'aller ailleurs, ma maison & ma table sont à votre service, il ne tiendra qu'à vous d'en disposer comme il vous plaira. Je vous suis infiniment obligé, Seigneur, luy dis-je, des ofres obligeantes que vous me faites, & je loue Dieu de ce que dans mon infortune, il me fait tomber en de si bonnes mains : je suis pourvû aussi bien pour l'un que pour l'autre, jusques à ce que je voye à quoi je me pourray apliquer. La dignité à laquelle Bénédon vous avoit élevé, reprit Eméga, car c'est ainsi qu'il se nommoit, vous dispence des fatigues & du gros ouvrage, à quoi le commun peuple est sujet : puis que vous êtes versé dans les plus hautes sçiences, il vous est permis de les cultiver. J'ai moi même des parens, qui seront bien aisé de vous confier l'éducation de leurs enfans, vous aurez de l'ocupation de reste ; & assez d'ocasion de vous faire des amis. Mon but, Seigneur, luy répondis-je, est d'obliger tous les honnêtes gens, & quoi qu'il n'y ait point de tresors à amasser dans ce Pays, je ne laisserai pas de m'ocuper la meilleure partie du tems, si cela est nécessaire. Avant que de quiter le Gouverneur, il me fit manger avec lui, qui est la marque ordinaire du Pays, par laquelle on témoigne à un homme qu'on a pour lui une considération particuliére. A peine un mois se passa-t-il que j'avois un auditoire fort considérable ; bien des hommes me venoient entendre, & quoi qu'ils soient

ex-

extrêmement jaloux, dans la pensée où ils étoient que j'apartenois à la Reine de Candace, plusieurs ne faisoient aucune dificulté d'amener leurs femmes avec eux : un Chiou, entre autres, nommé Sénéha, & qui demeuroit à côté de nous, venoit rarement sans la sienne. Il l'aimoit passionnément, & d'autant que ce qu'il m'entendoit dire lui faisoit plaisir, il ne croyoit pas sa joye complette, qu'il n'en fit part à sa chére Epouse. Cette Dame avoit de l'esprit, elle entroit beaucoup mieux que son mari dans mes sentimens, & si elle n'avoit pas tant de jugement, elle étoit capable d'une plus grande pénétration. Avec cela on peut dire, sans hiperbole, que c'étoit une beauté achevée : de ma vie je n'avois vû, ni en France, ni en Holande, ni en Alemagne, une Créature humaine mieux tournée, mieux faite, & de meilleur air que celle là. Elle avoit un teint, qui faisoit honte aux lis des champs : les roses, pour aussi vives que mon imagination fût capable de me les representer, dans un lieu, où je n'en voyois qu'en idée, palissoient à l'aspect de ses joues vermeilles, & de ses lévres de corail. Ses beaux yeux noirs, grands, bien fendus, & à fleur de tête, son nez droit & parfaitement bien tourné, sa petite bouche, fournie d'un ratelier de perles, égales, bien rangées, & blanches comme la neige, son menton charnu, sa gorge ronde & bien fournie, son sein d'albâtre, ses ongles de nacre, ses doigts longs comme des fuseaux, ses bras faits au tour, & en un mot, tous ses membres

bres étoient si parfaits, son port avoit quelque chose de si majestueux, & son langage étoit si doux & si poli, qu'on l'eût prise pour le Chef d'œuvre de la nature, & le plus bel ouvrage qui soit sorti des mains de Rhée. Un objet si rare me surprit, les résolutions les plus fortes que j'avois prises de ne m'abandonner jamais à l'amour, s'évanouirent en sa presence, & pensant plus à l'avenir qu'au passé, sans faire aucune réflexion à mes ans, je résolus de travailler incessamment à m'en faire une conquête. Pour parvenir à mon but, je commençai par afecter un air grave & composé; je ne m'entretenois avec qui que ce fût, que de matiéres sérieuses, je prêchois la morale dans toutes les compagnies, où je me trouvois; enfin jamais Tartufe ne contrefit mieux l'honnête homme sur le téâtre de moliére, que moy sous les auspices de Coméga. Ces maniéres saintes & compassées m'atirérent l'afection de tout le monde; on ne me parloit qu'avec respect, & les Dames étoient si persuadées de ma probité, qu'elles se fioient seules avec moy, sans se rendre suspectes de la moindre mauvaise pensée, à ceux là mêmes qui y étoient le plus interessez, & qui naturellement ne devoient pas y prendre le moins de part. Il n'y avoit que moy seul qui étois le dépositaire de mon dessein, mes propres camarades n'en avoient aucune connoissance. Marolde, c'étoit le nom de la belle que j'adorois, à force de fréquenter mes leçons, s'aprivoisoit avec moy; elle voyoit bien que

je

je prenois infiniment de la peine avec elle. Je l'encourageois, je la piquois d'honneur, & excitois son émulation autant qu'il m'étoit possible. Je parlois de son mérite & des progrès considérables qu'elle faisoit dans la Philosophie, par tout où je me rencontrois, & lors que l'ocasion s'en presentoit, je luy faisois expliquer aux autres des matiéres abstruses & dificiles, sur lesquelles je lui avois donné des instructions fort étendues en particulier, que point d'autres que nous n'entendoient. Cela luy atiroit des louanges qui l'enlevoient, & dont le mari étoit charmé. On n'en pouvoit pourtant bonnement atribuer la cause qu'au Professeur, & il auroit falu être ingrat pour ne luy en pas marquer de la reconnoissance. En éfet, ces bonnes gens n'avoient rien dont ils ne me fissent part; souvent nous prenions un repas ensemble, & il n'y avoit que la seule chose à laquelle je butois, qui ne nous étoit pas commune. J'allois lentement en besogne, afin de ne pas manquer mon coup, & je me trompe si je n'avois fréquenté cette charmante personne l'espace d'environ deux ans, sans dire une seule parole, ou commettre la moindre action, qui pût luy être suspecte, lors qu'il me vint dans l'esprit de lui vouloir faire acroire que tous les astres étoient dans un même Ciel, ou arrangez sur la superficie concave du firmament, & non pas à diférens étages les uns au dessus des autres, pour avoir ocasion de luy faire une passe au colet. La question ne fut pas plutôt proposée qu'elle me fit plusieurs objections ausquelles j'avois assez de peine à répondre, sans faire grossierément le Sophiste, parce qu'elles étoient fondées sur le Sistème que je lui avois enseigné. Il est clair, me dit elle, suivant nos observations, que le Soleil avance d'Occident en Orient, sur le plan de l'Ecliptique, tous les jours l'un portant l'autre, de près d'un degré : la Lune parcourt du même sens un cercle qui coupe le précedent à angles de cinq degrez, de maniére qu'elle fait autour de treise degrez en vingt quatre heures. Tous les principaux Astronomes, à ce que vous m'avez dit souvent vous même, soutiennent que le Soleil est quelques miliers de fois plus grand que la Lune : ce que l'un a de mouvement plus que l'autre n'est pas comparable à ce que celui là l'emporte en grandeur au dessus de celle-cy : cela étant, il paroît, par les régles du mouvement, que lors que la Lune ateint le Soleil dans le temps des conjonctions, qui se font à la tête ou à la queue du dragon, c'est à dire aux points où les cercles qu'ils parcourent s'entrecoupent, elle dévroit incontestablement rejaillir, & s'en retourner vers l'endroit d'où elle est venue, sans avoir rien perdu de sa rapidité : or l'expérience journaliére nous aprend que cela n'arrive pas, donc il n'est pas vray que ces deux luminaires soient dans un même Ciel. Voila ce qui s'apelle raisonner juste, & en conséquence des antécédans ou principes, que nous avons posez pour coustans & indubitabitables, repris-je : mais qui vous a dit belle Marolde, que les corps, dont il est question, sont également solides : tout le monde convient bien que la Lune est un corps opaque & dur, mais pour le Soleil, il y a peu de gens qui ne se persuadent que toutes ses parties, subtiles, détachées, & dans une continuelle agitation, composent ensemble un tout liquide : si cela est, vous voyez bien que comme une pierre s'ouvre aisément le passage dans l'air, ou dans l'eau, la belle Diane ne trouvera guére de dificulté à se cacher pour quelques momens dans les entrailles de son frere Apollon, & le traverser de part en part, plutôt que de rebrousser chemin, & s'en retourner sur ses pas. Ce que vous dites là, repliqua-t-elle, ne seroit peut être pas impossible, s'il étoit vray, comme vous le prétendez dans cette tése, qu'ils fussent également distans de la Terre, mais une preuve évidente que cela n'est pas, c'est que pendant leur conjonction, on aperçoit sur le corps de la Lune une foible lueur, qu'elle reçoit infailliblement des rayons du Soleil, que par réflexion le Globe terrestre lui renvoye : ce qui ne sauroit arriver, si elle étoit renfermée dans ce tourbillon de feu. Je pourrois employer d'autres argumens, continua-t-elle, tirez des diférentes grandeurs aparentes de la Lune, quand elle est éclipsée, pour prouver plus amplement ce que je dis, mais cela seroit inutile, & ce dernier, si je ne me trompe, doit entiérement vous contenter. Et moy luy dis-je, il ne me seroit peut être pas mal-aisé de vous montrer que le Soleil, étant un corps transparant, ne sauroit cacher à nos yeux ce qui passe par son Centre, de l'une de ses extremitez à l'autre, non plus que l'eau claire d'une fontaine ne nous dérobe point la vue d'un poisson qui y nage à quelques pieds de profondeur : & que durant les éclipses de Lune, c'est la Terre qui s'aproche ou se recule d'elle, & non pas elle de la terre ; mais je vous fais grace, & n'employeray plus que cette seule raison, qui doit infailliblement vous fermer la bouche : voicy véritablement ce qui en est. Toutes les fois que la Lune ateint le Soleil en droite ligne, elle passe en tournant autour de luy de cette maniére ; & la dessus j'apliquai mon oreille droite contre sa gauche, & tournay mon visage sur le sien, que je pressay de toute ma force, sur tout à l'endroit, de la bouche, où je fis une petite pause. Il étoit bien nécessaire, s'écria-t-elle, en riant fort agréablement, d'user de cette supercherie grossiére, où vous êtes obligé de suposer que la Lune tourne autour de son Centre afin de devancer le Soleil, là où nous voyons au contraire, qu'elle a toûjours un côté tourné vers nous, pour m'atraper un baiser à la dérobée, que je vous aurois donné moi même si vous me l'aviez demandé. Vous auriez fait cela, interrompis-je, divine Marolde, c'est ce que je ne croirai jamais que je n'en sois convaincu par l'expérience. Asurez vous, Mésange, me répondit elle,

que

que je ne suis point ingrate, c'est un vice que j'ay haï depuis que je me connois : je ne parle point par raport à un baiser, c'est une bagatelle, ma reconnoissance doit s'étendre plus loin, mais je vous assure que mon mari & moy n'avons rien au monde, qui ne soit fort à votre service ; il vous l'a dit plusieurs fois, je vous le réitere aujourd'hui, il ne tiendra qu'à vous de vous en convaincre quand vous voudrez. Une déclaration si ingénue, & en même temps si avantageuse, m'auroit peut être donné ocasion de faire bien du chemin en peu de temps, si un petit garçon de cinq ou six ans, qu'elle avoit, ne fût entré pour dire que son pere l'avoit envoyé devant afin d'avertir qu'il avoit apétit, & qu'il ordonnoit de couvrir la table au plus vîte. En éfet, il parut un moment après, & m'ayant bien fait des caresses, il me retint à manger avec lui. Un jar, qu'il avoit fait chaponner, avant que de le mettre à l'engrais, & que l'on nous servit rôti, lui donna ocasion de nous conter que le Conseil venoit d'avoir une cause à décider qui avoit fort embarassé les juges. Une femme, nous dit il, est venue se plaindre de l'impuissance de son mari, & a fait plusieurs instances pour nous porter à annuler son mariage, & lui permettre de se remarier à un autre homme. Quelle preuve avez vous, lui a demandé le Président, du defaut dont vous acusez celui que vous avez presentement ? J'en ay une convainquante, répondit elle ; mais outre cela, il y a dix ans que

que je tiens ménage avec lui, & nous n'avons encore pû rien faire qui vaille ; on l'en raille d'un côté, & de l'autre on ne cesse de me plaindre. Allez vous donc dire vos afaires à tout le monde, luy demanda-t-on? Qu'est il nécessaire, Messieurs, répliqua-t-elle, de divulguer une chose, qui saute aux yeux ? est ce que toute la ville ne nous connoît pas ? & personne ignore-t-il que nous n'avons point eu d'enfans ensemble ? Est ce là le malheur dont vous vous plaignez, repris-je ? Ouy sans doute, continua-t-elle, & ce n'est pas sans raison, puisque si je viens à vieillir sans en avoir, je cours risque d'être exposée à la merci du public ou de mes parens, qui me traiteront à leur fantaisie : au lieu qu'ayant chez moi des gagne-pain, je ne serois obligée à qui que ce soit. Vous avez raison, dit le Président, je n'entendois pas au commencement ce que vous nous vouliez dire. Mais, ma bonne femme, il y a bien d'autres familles qui n'ont point d'héritiers, qui ne laissent pas d'être en état d'en avoir, si la Providence leur en vouloit donner. Il ne faut pas murmurer, vous êtes encore assez jeunes pour vous en voir plus que vous ne voudriez : ou il faudroit que l'autre raison, que vous nous assurez être convaincante, fût d'une autre nature que la précédente : voudriez vous bien vous éclaircir sur celle là, comme vous vous êtes expliquée sur l'autre. Monsieur, répondit elle, je n'en veux pas être crue, vous n'avez qu'à prendre la peine de vous

en

en informer, & vous trouverez que de mon côté, aussi haut que nous pouvons remonter, qui est jusqu'à quinse ou vingt générations, il n'y a jamais eu de femme, qui n'ait acouché, c'est une qualité essentielle, qui est atachée à notre race; au lieu que du côté de mon mari, il se trouve des bréhaignes en grand nombre. Outre que j'ay ouy dire à ma belle mere plus de mille fois, parlant à son fils, lors qu'il étoit encore enfant, qu'il ne seroit jamais bon à rien. Quoi qu'il en soit, je ne veux plus demeurer avec luy, il faut qu'on m'en donne un autre, ou j'en choisiray un à ma fantaisie. Nous ne voulons point entendre ici de menaces, dit alors le Président, retirez vous, on s'informera plus particuliérement du sujet de votre plainte, & l'on vous fera justice. D'abord on a député deux commissaires, qui ont ordre d'aller trouver le pere & la mere de l'homme, dont il est question, pour savoir d'eux s'ils ont jamais remarqué qu'il lui manquât quelque chose. S'ils disent que non, il faudra qu'ils examinent les deux parties, pour aprendre d'elles s'il y a de l'innocence dans leur fait, s'il leur manque quelques instructions, ou s'il y a de la haine & de la malice; & suivant le raport que l'on en fera, on prononcera la sentence. Je ne say ce que je dois penser de tout cela, dis-je à Sénéha, mais il semble que cette bonne femme n'y entend point finesse, & je crains fort que l'obstacle ne vienne de son côté. Il a été un temps

qu'il

qu'il y avoit souvent de semblables plaintes dans des cours de justice du Royaume de France : Une Loy qu'on avoit faite exprès pour vuider ces sortes de diférens, & que l'on nommoit la Loy du Congrès, donnoit principalement lieu à cela. Aussi tôt qu'une femme galante avoit pris du dégoût pour son mari, & qu'elle en aimoit un autre, sous prétexte de ne point faire de couches avec lui, elle alloit porter ses plaintes au Conseil, & demandoit le Congrès. La plupart de ceux qui étoient mis à cette épreuve manquoient leur coup, le mariage étoit cassé, & il étoit permis à la femme de s'allier à un autre. Cela n'est pas surprenant, reprit Sénéha, & je parie que de dix maris indignez contre une femme, qui leur fait cette injure atroce que de les défier de montrer leur sufisance en présence de témoins, à peine y en auroit il un qui n'échouât. Voila justement la cause, lui dis-je, de l'abrogation de cette loy, faite en faveur du beau sexe : des Avocats habiles ont si bien sceu representer l'état de l'homme le plus vigoureux dans une conjoncture semblable, qu'une femme, qui viendroit demander le Congrès à l'heure qu'il est, passeroit pour une folle, ou pour une impudique, qu'il ne tiendroit peut être qu'au mari de faire renfermer sans autre forme de procès, ny que les personnes de son sexe s'en formal.... J'ay des enfans, interrompit Marolde, mais quand je n'en aurois point, il ne me seroit jamais venu dans l'esprit de

me

me plaindre de mon mari, de peur de me rendre suspecte d'en savoir plus long en fait de mariage, que je ne devrois. Je dis la même chose de vous, ma femme, dit Sénéha, nous sommes contens l'un de l'autre, du moins je déclare ingénument que je le suis de mon côté ; j'espére que vous l'êtes aussi du vôtre. Jusqu'à présent je l'ay été, continua Marolde, je ne répons point pour l'avenir, comme je fais pour le passé, Mésange m'a donné tantôt un baiser, qui m'a semblé si doux, qu'il pourroit bien être cause, si j'en conserve le souvenir, que je ne prendrois plus tant de plaisir aux vôtres. Comment, Monsieur, me dit Sénéha, vous vous amusez à baiser ma femme en mon absence, & cela sans m'en avoir demandé la permission : voila qui seroit capable de me mettre Martel en tête ? Vous rougissez, continua-t-il, est ce qu'on vous acuse à faux, ou y a-t-il quelque pensée criminelle de la partie. A Dieu ne plaise, Monsieur, repris-je, vous me connoissez, Madame ne dit cela que pour rire, s'il y avoit du mal elle se seroit bien gardée de vous en parler ; je m'en vay vous conter la chose comme elle est. Nous n'avions point de Globe à portée, & il s'agissoit du mouvement de la Lune & du Soleil pour..... je n'ay que faire de vos mouvemens, interrompit brusquement Sénéha, baisez vous tant qu'il vous plaira, vous vous baiserez long-temps avant que je m'en formalise. Je connois ma femme, & je m'en fie bien à vous ; soyez assuré ré que de quelque maniére que vous en agisfiez, vous ne me donnerez aucun ombrage. Je voulus répondre vingt fois à ses honnêtetez, & la femme de son côté enrageoit d'achever son conte, mais il n'y eut pas moyen, il nous interrompoit à tout bout de champ, & vouloit absolûment que nous ne parlassions que de boire. Quand je vis qu'il paroissoit insensible à un procédé que j'avois envisagé comme injurieux, & qui devoit naturellement exciter sa jalousie ; vous avez raison, dis-je, Sénéha, de vous en fier à vos femmes, aussi bien est il impossible de les ténir dans le devoir lors qu'elles ont du penchant à la débauche ; c'est le foible de tous les hommes de faire avec le plus de zèle, ce qui leur est le plus expressément défendu. Si les Dames Turques n'étoient pas renfermées dans des Serrails, & qu'elles ne fussent pas si fort observées en Italie, peut être ne seroient elles pas plus coquettes que les autres; mais la jalousie de leurs maris est si exorbitante qu'elle les porte à en découvrir la raison, & à conclure qu'il faut que leurs qualitez soient de beaucoup inférieures à celles des personnes dont on prend soin de les éloigner avec tant d'exactitude. Les François qui savent bien que le véritable moyen de tenir leurs femmes dans le devoir, est de les piquer d'honneur, & d'abandonner le soin de leur conduite à elles mêmes, leur donnent une liberté toute entiére. Ce moyen leur paroît le plus éficace pour les mettre à couvert des disgraces ausquelles l'himen les rend

rend sujets. Ils ont beau faire pourtant, si ceux là sont punis de leur extrême sévérité, ceux-ci ne sont pas entiérement exemts des suites fâcheuses que traine après soy une trop grande licence. En voici un exemple, qui supléra à tous les autres, & qui vous servira pour observer un juste milieu : je le tiens d'un Oficier François, nommé Monsieur Jammet, qui nous en faisant un jour le recit à la Haye, juroit que cela étoit arrivé de son temps. J'étois à Paris, nous dit il, lors qu'un certain Monsieur Quevilli, Marchand de Porcelaine, & verrier du Roy, avoit une fille, qui faisoit la joye de sa maison. Luy, & sa femme n'entretenoient les compagnies que de sa vertu & de ses bonnes qualitez. Elle se levoit tous les jours de grand matin pour faire d'ardentes priéres, tout ce qu'elle avoit de livres étoient d'Oraisons, de Himnes, de Chansons Spirituelles, de Vies de saints, & de tout ce qui pouvoit fournir de la matiére à sa piété. Elle jeunoit deux ou trois fois la semaine, fréquentoit les Eglises, & ne manquoit pas un jour de l'année d'aller le matin à neuf heures à l'Hôtel Dieu pour aider aux Religieuses de cet Hôpital à servir & soigner les pauvres malades, qui avoient besoin de son secours, afin de gagner par ces bonnes œuvres l'aprobation des honnêtes gens, & une place en paradis. Tant de saintes actions, qui avoient duré depuis l'âge de treize jusques à dixhuit ans, avoient tellement établi sa réputation, qu'un très brave homme, entre autres, la vint demander

der en mariage. Elle ne voulut point l'écouter. Moy, luy dit elle, moy me joindre à un homme, entrer dans un ménage, où les soins de plaire à un mari, d'élever des enfans, & de régler une maison, m'ocuperoient toute entiére, & me donneroient à peine le loisir de penser seulement à mon salut, à Dieu ne plaise que j'en aye seulement la pensée. Jesus Christ est mon Epoux, c'est pour lui seul que je me sens de l'amour, c'est à lui que je veux plaire, c'est sa maison que je dois fréquenter, les pauvres, qui sont ses membres & ses enfans, sont ceux qu'il faut que je serve toute ma vie. J'ay renoncé au monde, à la chair, & à ses convoitises: j'espére que le Seigneur me fera la grace de ne leur donner jamais aucun accès dans mon cœur. C'est pourquoi n'en parlons plus, ce langage me choque, je ne saurois le soufrir: encore une fois, si vous continuez à m'entretenir de semblables vanitez vous n'avez qu'à vous resoudre à ne paroître plus jamais devant moi. Ce refus parut dur à l'amant, il s'en plaignit à son pere; Monsieur Quevilli avoit été long-tems dans le service, les cicatrices, dont son corps étoit couvert, & son visage tout bleu de poudre à canon, en rendoient un sufisant témoignage; outre cela il étoit violent de son naturel, & proferoit à peine trois paroles, qu'il ne prît deux fois Dieu par la tête, & par les pieds; il fit venir sa fille, & après lui avoir remontré fort tranquilement, à sa maniére, que le parti qu'elle dédaignoit, étoit fort
sor-

sortable, & qu'elle auroit sans doute un jour lieu de s'en repentir, il lui fit comprendre qu'il seroit bien aise de voir entrer ce jeune homme dans sa famille, pour lequel il se sentoit beaucoup d'inclination. Le ton de voix, dont il prononça ces mots émut la belle, elle se mit à pleurer. Comment, mon pere, lui dit elle, se peut il que vous, qui m'avez toûjours aimée avec toute la tendresse possible, vouliez maintenant me violenter, & être cause de la perte de mon ame? Ne savez vous pas que j'ay renoncé à toutes sortes de voluptez, avez vous oublié que suivant le vœu que j'en ay fait, jamais homme ne me sera de rien, & que si ce n'avoit été pour l'amour de vous & de ma mere, je serois en religion à l'heure qu'il est? Ne me forcez point, je vous en suplie, puis qu'autrement vous m'obligerez à faire des choses, dont j'aurois lieu de me repentir dans la suite. Il est impossible, ma fille, luy repartit son pere, de l'humeur que je vous connois, & à en juger par votre constitution, que vous soyez insensible; vous avez sans doute jetté les yeux sur un autre objet, que vous me cachez, & vous vous servez d'un vain prétexte pour éluder le choix que je vous ay fait d'un honnête homme, mais par la mort, vous ne vous jouerez pas ainsi de moy; non ventre, non sang, non tête, il ne me sera jamais reproché qu'une fille m'a fait la Loy, & a vécu malgré moy selon son caprice: vous prendrez la personne qui vous demande, ou le diable
s'en

s'en mêlera. Des menaces de cette force intimidérent la pauvre dévotte, il falut qu'elle consentît aux propositions tiraniques de ses parens. Aussi tôt qu'elle fut mariée. On m'a fait violence pour l'amour de vous, dit elle à son mari, je ne vous en veux point de mal, la chose est faite, je n'en ay aucun repentir, au contraire, je prétens vivre avec vous dans une parfaite intelligence: je vous aimeray, je vous chériray, je vous serviray avec tout le zèle dont je suis capable; mais, au nom de Dieu, ayez de votre côté cette complaisance pour moy de me permettre de passer une partie de mon temps en priéres & en oraisons, sur tout soufrez que j'aille à mon ordinaire tous les jours exercer ma charité en servant les pauvres malades de l'Hôpital, que le Seigneur recommande si expressément à nos soins. Ces œuvres de piété supléront aux taches & aux souillures ausquelles on est indispensablement sujet en ménage : ainsi d'un côté je ne négligeray point vos intérêts, & de l'autre je travailleray à mon salut. Le jeune homme consentit sans peine à sa demande, dans l'espérance que sa compagnie, & les occupations qu'elle trouveroit dans sa boutique & dans sa maison, la divertiroient, de sorte que ces courses journaliéres lui seroient bien tôt à charge à elle même. Il fut pourtant trompé dans ses conjectures : elle prenoit beaucoup de soin de sa personne, elle ne négligeoit rien non plus de ce qui étoit commis à ses soins, & elle aimoit mieux travailler la nuit,

pour-

pourvû qu'elle pût sortir le jour. Tout cela auroit été le mieux du monde, mais enfin ayant un enfant, & le négoce de ces jeunes gens augmentant, le maître, auquel il survenoit des afaires d'importance, ne pouvoit pas souvent y vaquer, à cause de l'absence de sa femme; il étoit obligé de rester ataché à son comtoir, comme sa servante à son berceau. Quelquefois il s'en plaignoit à sa femme, il lui remontroit doucement son devoir; mais voyant que ses raisonnemens étoient inutiles, & qu'il étoit impossible de la tenir au logis, quelque nécessité qu'il y eût qu'elle y restât, il entra en soupçon, & résolut de la suivre à sa premiére sortie, pour voir en quel endroit elle alloit. Après bien des tours & des détours, qui ne conduisoient nullement à l'Hôtel Dieu, il pensa tomber de son haut lors qu'il aperceut que cette sainte femme entroit dans un des plus sales & vilains lieux de la Ville. Il prend Conseil sur le champ, & entre immediatement après elle. Y a-t-il moyen de passer icy une heure ou deux de temps agréablement, dit il à l'hôtesse, à laquelle il avoit demandé à parler: mais au moins il me faut une jeune personne; & qui ne soit pas fort haute. Je say votre fait, luy répondit on, entrez dans cét apartement, on vous acommodera à l'instant. Il n'eut pas fait trois tours de chambre qu'on luy amena sa chére petite femme. Je vous donne à penser, Séneha, dans quelle surprise cette malheureuse se trouva à la vue d'un homme qui devoit
être

être son juge & sa partie : elle se jetta à ses pieds, luy demanda pardon de sa faute, & fondant en larmes, elle luy promit avec serment d'être sage, & de ne jamais plus faire de semblables escapades à l'avenir. Le lieu où nous sommes ; luy dit il, pieuse & vertueuse femme, ne me permet pas d'éclater, & de vous dire mes sentimens sur votre manière de vivre ; allons, retournons nous en chez nous. Aussi tôt qu'ils furent à la maison, le jeune homme envoya quérir son beau pere : il luy conta ce qui luy venoit d'arriver, & luy dit tout net qu'il n'avoit qu'à reprendre sa fille, puis qu'il étoit impossible que luy & une abandonnée pussent plus long-temps tenir ménage ensemble. Je ne m'amuseray point à vous entretenir des querelles, des emportemens, des menaces d'un côté, & des excuses acompagnées de mille promesses de mieux vivre à l'avenir de l'autre, qui firent la matière de cette surprenante scène : il sufira de vous dire, si je ne me trompe, que la conclusion fut, sous peine d'avoir la tête cassée, le mari aussi bien que la femme, par cet emporté de vieillard, d'ensévelir tout cela dans l'oubli, à condition qu'il leur envoyeroit une somme de deux mille écus, dont il falut se contenter. J'ay connu ces gens là, ajoutoit Monsieur Gammet, & je puis vous dire que depuis alors on n'a plus rien entendu au desavantage de la jeune femme, qui vivoit fort retirée, & parfaitement bien avec son mari. Je croy qu'en quelque lieu que

l'on

l'on aille, reprit Sénéha, on trouve de toutes sortes de gens : il est des femmes qui veulent être observées, à cause qu'elles se rendent suspectes par leur conduite : il en est d'autres que l'on ne sauroit soupçonner, parce qu'elles ont soin de se ménager dans toutes les ocasions, & qu'elles ont donné en diférentes rencontres des preuves convaincantes de leur vertu. Je l'ay dit, & je le confirme encore, je m'en raporte à ma femme, je suis persuadé que son honneur luy est cher, & que ce qu'elle fait en particulier, elle le peut faire devant tout le monde. Notre conversation dura jusques à ce que le pithson commençât à opérer, & qu'il nous falut aller prendre du repos. Huit ou dix jours après que je trouvay l'ocasion de parler à Marolde sans témoins, je ne manquai pas de luy faire des reproches de ce que son imprudence avoit failli de m'exposer à la haine de son mari, & à me priver par conséquent pour jamais de sa presence, ce qui seroit le plus grand malheur qui me pourroit arriver. Vous vous moquez me répondit elle, mon mari seroit jaloux d'un autre ? il a trop bonne opinion de luy & de moi pour cela, c'est de quoi j'ay des preuves dont je ne saurois douter : au moins pour vous, Mésange, je vous engage ma parole qu'il n'y a absolûment rien à craindre, outre que je ne pense pas que vous ny moy songions à luy donner aucun sujet de mécontentement. Cela est vray, Madame, repris-je, cependant il n'est pas néćessaire qu'il sache

tout :

tout : j'ay été maltraité du Roy de Cambul, pour n'avoir pas voulu aimer sa parente, que sait on si Sénéha ne seroit pas au desespoir, & capable de se décharger sur moy de sa fureur, s'il aprenoit que je me sens consumer pour Marolde. Il m'est venu depuis quelque temps de certaines marques sur les ongles, qui ne me pronostiquent rien d'avantageux, j'espéré que le bon Dieu me gardera de nouveaux desastres. Voyez vous, Madame, continuai-je, ce triangle, & ce cercle, sur la ligne du cœur, cela ne signifie que de l'infortune, une playe mortelle, des douleurs insuportables. Là dessus je luy tiray un de ses gants. Examinons un peu votre main, luy dis-je, & la confrontons avec la mienne, pour voir si nous n'avons rien de commun à craindre ou à espérer. Voila de petites vérues sur le mont de Vénus, qui vous menacent d'être haïe & abandonnée de votre mari, parce que vous serez aimée par un autre. Je me moque de tous ces pronostics, interrompit Marolde, mon mari m'aime, il n'est pas capable du moindre refroidissement, pour me voir porter de l'afection à un homme de mérite, & auquel j'ay autant d'obligation qu'à vous. Comment, vous m'aimez, Madame, repris-je, en luy baisant la main d'un air, qui marquoit assez ma passion ? Ouy certes, me répondit elle, je vous aime, je suis en cela mon penchant, & je croy faire mon devoir. Si cela est, poursuivis-je, je suis le mieux récompensé de tous les mortels, mais
vous

vous me permettrez d'en douter jusques à ce que des témoignages sufisants m'en aient confirmé la vérité. Tout cela se disoit en chemin faisant, c'est à dire en luy pressant ou chatouillant les génoux, en luy baisant la gorge & le visage : j'étois moy même surpris que cette jeune femme, qui paroissoit un exemple de chasteté, se laissât patiner de la sorte, sans témoigner qu'elle en eût la moindre répugnance. Enfin comme je songeois à pousser ma pointe, & à profiter de cette favorable conjoncture, quoique je ne fusse pas en lieu de seureté, le mari entra tout d'un coup. Hé bien, Mésange, me dit il, donnez vous une leçon à ma femme? Ouy, Sénéha, luy répondis-je, ou du moins nous nous amusons à causer. C'est fort bien fait, reprit il, mais j'apréhende que vous ne me la rendiez trop savante : il n'est pas bon qu'une femme en sache plus que son mari. Pour en venir jusques là, luy dis-je en riant, il faudroit qu'elle changeât de maître, ou que je devinse votre disciple, & encore ne pourrois-je alors la pousser que jusqu'à aller du pair avec vous, & pas à vous préceder. Point de raillerie, s'il vous plaît, repliqua-t-il, je suis un ignorant, tout le monde le sait, & vous êtes un savant homme, c'est un fait dont personne ne disconvient. La pensée m'est trop avantageuse pour la combattre luy dis-je, j'aime mieux me retirer. Adieu, jusqu'à revoir. Depuis ce jour là je fus assez étonné de ne voir plus nulle part Marolde, elle fuyoit les endroits que je fréquenquentois, & lorsqu'elle m'apercevoit de loin dans la ruë, elle me tournoit le dos. Ne sachant à quoi attribuer la cause d'un changement si précipité, je crus que je devois la supplier de m'en informer par un mot de lettre, afin que je pûsse prendre des mésures conformes à ce que j'en apprendrois, & y apporter du remede, si cela étoit en ma puissance : Voicy en substance ce que je luy écrivis.

BILLET

A LA

DIVINE MAROLDE.

Je suis au desespoir, la plus belle & la plus parfaite de toutes les femmes, de vous avoir offencée, & de ne savoir où, quand, ny comment. Autant que vous couriez après moy, autant vous fuyez ma présence. Me méprisez vous parce que vous êtes devenuë plus savante que moy, ou me portez vous de la haine à cause que je vous aime ? Vous n'êtes pas assez ingrate pour donner dans le premier de ces deux vices : & vous avez trop d'équité pour souffrir que l'autre ait chez vous le moindre accès. Votre charmante main m'a menacé de ce desastre ; je vous l'ay dit, vous devez vous en ressouvenir. Le Ciel qui nous avertissoit de ce mal, ne m'a pas inspiré assez de prudence pour en éviter les fâcheuses suites. Car

Car enfin, il faut que je le dise, puis que la pensée m'en vient en vous écrivant, votre mari sans doute, aura appris quelque chose de nos innocentes familiaritez, ou par votre fils, devant lequel nous ne nous sommes guéres cachez, ou directement par luy même, en observant exactement nos démarches. Là-dessus il aura pris feu, il se sera laissé emporter à la colére, & vous aura indubitablement défendu de me plus voir. C'est une conjecture, Madame, qui me paroît assez bien fondée, & par laquelle je vous décharge de toute la coulpe, pour l'attribuer entiérement à un autre : apprenez moy, je vous prie, si je devine bien, ou non, afin que je me régle suivant ce qui en est; que je vive, si je puis rester dans l'espérance de joüir toûjours de votre amitié; ou que je me donne la mort, si je me vois forcé de la perdre. Ouy, Madame, point d'autre main que la mienne ne percera un cœur, qui ne brûle que pour vous, du moment que j'apprendray que les bonnes intentions que vous avez eües pour moy, ont changé en indifférence ; puis que la mort me sera infiniment plus supportable, que les douleurs que je ressentirois en me voyant privé du droit que vous m'aviez donné de me pouvoir dire sans vous formaliser, votre très humble & très obéïssant serviteur,

DE ME'SANGE.

J'eus beau languir plusieurs jours de savoir ma destinée ; je n'entendois non plus parler de Marolde, que si elle n'avoit jamais été

été au monde. Je l'aimois cependant, & je puis dire que je l'aimois à la folie, & que sans un promt secours, je courois effectivement risque de succomber. Mes Camarades ne savoient ce que j'avois : je devenois sombre & mélancolique ; la plupart du tems je renvoyois mes écoliers sans leur avoir donné de leçon, & lors qu'il m'arrivoit de les vouloir entretenir de science, les termes de Marolde, de passion, d'amour, de rage, de desespoir, & autres semblables, m'échapoient si souvent de la bouche, sans m'en appercevoir, que quelques uns m'en avertirent, & me conseillerent de me reposer huit ou quinse jours, puis qu'il y avoit apparence que la machine étoit détraquée, & que j'avois le sang altéré. Ce bouleversement de cerveau fit tant de bruit, qu'il parvint jusqu'aux oreilles de Marolde ; elle en fut vivement touchée, & ne voulant pas me laisser sans consolation, elle prit son temps pour me venir faire un récit juste de ce qui s'étoit passé chez elle à mon sujet. Aussi tôt que je la vis entrer je me jettay à son cou. Vous me rendez la vie, charmante Marolde, luy dis-je, il s'en est peu falu que je ne sois expiré de chagrin depuis que je ne vous ay parlé. Qu'ai-je fait, dites le moy, au nom de Dieu, pour m'abandonner comme vous faites ? Ce que vous avez fait, Mésange, me répondit elle ? vous avez fait ce que vous auriez pu aisément laisser : vos pleurs, vos gestes, vos exclamations, vos grimaces, & toutes les autres ex-

extravagances que vous n'avez pas discontinué de faire auprès de moy depuis quelque temps, avoient fait tant d'impression sur l'esprit de mon petit garçon, qui en a vu la meilleure partie, qu'il a tout raconté à son pere; lequel en suite nous a si bien observez luy-même, que ses propres yeux luy en ont plus dit que je ne voudrois qu'il en sçût. J'en appris les tristes nouvelles avec bien de la douleur, dès que vous nous eutes quitez, le jour de notre derniére entrevue. C'est donc ainsi, Madame, me dit il, avec des yeux tout enflamez de colére, que vous vivez avec votre maître: il y a déja quelque temps que je me suis apperçu des petites libertez qu'il prend avec vous, & qui me le rendent suspect, je viens d'être confirmé dans la pensée où j'étois que vous viviez d'une maniére peu édifiante, par le dialogue amoureux que vous avez tenu depuis une demi-heure que je suis à la porte, ocupé à voir au travers d'une fente, ce que vous faisiez. Assurément j'ay été scandalisé d'un tel procédé; je ne comprens pas moy-même comment j'ay pu me posséder, & à quoi il a tenu que je n'aye fait du vacarme. Je ne say de quoi je serois capable une autre fois: pour prévenir un malheur, je vous conseille de n'avoir plus de rendez-vous, & encore moins de tête à tête avec ce suborneur, qui ne cherche qu'à mettre votre honneur en compromis, & me faire montrer au doigt par tout le monde. J'avoue, mon mari, luy repondis-je, que j'ay permis à Mésange de me baiser, de me chatouiller, & de porter ses mains sur mon corps, tantôt en un endroit, tantôt en un autre, parce que j'ay remarqué qu'il aime à badiner avec moy : il me semble, vu que je le puis contenter de si peu de chose, qu'il faudroit que je fusse ingrate au suprême degré pour le luy refuser, après toutes les obligations que nous luy avons l'un & l'autre. Ce qu'il a fait avec moi est le véritable jeu d'un enfant avec sa poupée, un passe-temps de fille à fille, ou de garçon à garçon, dont personne ne se formalise, parce que les plaisirs qu'ils y prennent sont innocens. En tout cas, s'il y a du mal à ce que nous avons fait, c'est à vous à qui il en faut attribuer la faute : vous m'avez dit cent fois que je n'avois non plus de mesures à garder avec cet homme qu'avec une femme, puis que chacun le connoît, qu'il est sexagénaire, que c'est outre cela une campagne rase, & que vous n'aprehendez point un ennemi desarmé. Hé bien, interrompis-je, que répondit il à cela ? Rien, continua-t-elle, si non que cela étoit véritable, mais qu'il n'auroit pas pensé que les choses fussent allées si loin : outre que toutes ces embrassades lascives, ces léchemens de visage, ces badineries vaines, & mille propos oisifs qui les acompagnoient, passoient de beaucoup les bornes que la bienséance prescrit aux honnêtes gens. A vous parler nettement, vous avez trop fait le fou, & vous auriez bien pû vous ménager si vous aviez voulu. Cela est bien aisé à dire, Madame,

luy

luy répondis-je, mais il est bien dificile à un homme, qui est toûjours avec vous, & que vos charmes ont ensorcelé, de se modérer. Il le faudra pourtant bien faire à l'avenir, reprit Marolde, & qui sait même, pour avoir la paix, si nous ne serons pas forcez de nous dire un eternel Adieu. Comment, Madame, luy dis-je avec précipitation, vous voudriez ainsi abandonner, & jetter dans le desespoir, un homme qui vous adore? Pas encore si tôt, me répondit elle; vous avez commencé à m'expliquer, pour la seconde fois, la formation des météores, il faut que nous achevions cela, & nous verrons ensuite à quoi il nous en faudra tenir. Mais, Madame, continuai-je, quel sera donc le temps & le lieu de nos conférences. C'est ce que j'ay eu bien de la peine à trouver, me répondit elle, mais enfin je me suis avisée d'un expédient, qui nous doit mettre à couvert des soupçons de mon mari, & de la médisance du peuple. Je ne say si vous ayez pris garde que nos maisons ont été autrefois de grandes cavernes, que l'art, la nature, ou peut être l'un & l'autre, ont pratiquées dans les rochers. Les habitans de cette ville, grande & populeuse, augmentant en nombre, ont été obligez, petit à petit, de se concentrer, pour ainsi dire, & de se loger plus étroitement que leurs ancêtres n'avoient fait avant eux; c'est du moins l'opinion commune, que je ne croy pourtant pas la véritable, car il y a plus d'apparence que ces vastes demeures ont servi à toute une famille composée de plusieurs générations, qui vivoient en communauté de toutes choses, & où le plus ancien gouvernoit avec une absolue autorité : & qu'enfin s'étant lassez de cette maniére de vivre tumultueuse & servile, chaque pere a voulu gouverner sa femme & ses enfans à sa fantaisie, & s'est retiré pour cet éffet dans un appartement entre lequel & les autres il a coupé la communication : quoi qu'il en soit, il est toûjours incontestable qu'il y a beaucoup d'endroits où les demeures sont séparées les unes des autres par une simple cloison. Par bonheur ce ne sont que des planches, qui se trouvent entre votre chambre & celle où nous couchons, & afin que cela ne paroisse pas, on a fait de part & d'autre un garde-manger : de sorte que si vous avez assez d'industrie pour y faire un trou, où vous puissiez passer, il ne tiendra qu'à vous de nous voir toutes les fois que la commodité s'en presentera favorable. Assurément, belle Marolde, dis-je alors, en luy baisant la main, il faut avouer que vous êtes fertile en belles inventions : laissez moy faire, l'amour est de tous métiers, il est ingénieux, il est habile, & ne m'abandonnera pas au besoin ; pour peu qu'il me seconde, j'exécuteray si bien votre projet, que vous n'aurez pas lieu de vous en plaindre. Cela suffit, repondit elle, je m'en vais, de peur que l'on ne me surprenne icy auprès de vous. Adieu, mon ame, m'écriai-je, conservez moy toûjours votre amitié. Comme nous étions alors dans la belle saison, mes Camarades

rades n'arrêtoient guéres en ville, ils étoient éternellement à la chasse, ou à la pêche; & Sénéha étoit souvent au Conseil, ou ocupé à des affaires publiques, de sorte qu'il me fut aisé de mettre la main à l'ouvrage. Il se passa pourtant plusieurs jours avant que tout fût achevé, parce que je n'osois pas faire beaucoup de bruit, & qu'il faloit que je fusse à tout moment aux écoutes, pour savoir s'il n'y avoit personne chez Marolde; car quoi qu'elle m'eût promis de donner un grand coup de poing à la porte de son armoire, au moment que je devois cesser de travailler, je ne faisois rien qu'en tremblant, de crainte d'être pris sur le fait. Un couteau à pointe, & bien trenchant, fût le seul instrument que j'employay pour enlever de la planche, qui nous empêchoit de nous voir, un morceau de quinze pouces de large, & d'un pié de profondeur; & afin qu'il pût servir à tenir cette échancrure fermée, je fis deux trous en haut, à deux doigts de ses extremitez, & autant au dessus dans la planche supérieure, puis j'y passay une bonne corde de boyau, que je nouay fermement; de maniére que cela tenoit lieu de deux pentures. J'attachay de mon côté, au bas de ma fenêtre dérobée, un petit morceau de cuir, afin de la pouvoir aisément ouvrir en le tirant, & qu'il ne tint qu'à moy d'y passer quand il le faudroit. Jamais joye n'a été semblable à la mienne, lors que j'en fis pour la premiére fois l'épreuve; mais cette joye diminua prodigieusement quand je ne trou-

trouvay la charmante Marolde disposée qu'à m'entendre traiter de phisique. Tenons nous en, me dit elle d'abord, au solide, & que la bagatelle soit bannie du milieu de nous, puis qu'elle donne occasion aux gens de gloser, & que cela retarderoit le progrès de mes études. Comme il n'y avoit point de finesse dans son fait, & qu'ordinairement ses discours étoient graves & sérieux, je vous donne à penser si un langage si opposé à celui auquel je m'étois attendu, me mortifia ; j'en restay quelques momens interdit ; on eût dit que j'en avois perdu la parole. En éfet cette séance se passa assez froidement, l'état où Marolde m'avoit mis, étoit si différent de celuy où j'étois quand je l'aborday, qu'au lieu de luy parler de ma flamme, je ne l'entretins que de grêle, de neige, de frimats, & de glaçons. Avec tout cela je ne laissois pas de vivre en espérance, & pourvû que quand je la voyois elle me permît de fois à autre de baiser ses belles mains, il me sembloit déja être au comble de mes souhaits. Le temps ne laissoit pas de passer comme un éclair, je risquois toûjours d'être surpris, & je n'avançois rien dans mes affaires. Enfin, l'Eté suivant pendant que Sénéha étoit au Conseil, une femme se vint plaindre qu'un de ses voisins étant entré en dispute avec son mari, au sujet d'un plat de petit poisson, qu'ils avoient pris un moment auparavant ensemble, luy avoit déchargé un si furieux coup de levier sur l'épaule gauche, qu'on croyoit qu'il luy avoit brisé les os. L'un fait des cris épouventables, disoit elle, au sujet de la douleur qu'il ressent ; l'autre s'en est enfui, croyant qu'il a fait un meurtre ; je demande justice, & je prie le Magistrat d'envoyer un Chirurgien pour visiter le Patient aux dépens de celuy qui sera jugé avoir tort. Le maître de ce quartier là étoit à l'agonie, on ne pouvoit pas se servir de luy pour aller lever des Informations, & se saisir, si l'on pouvoit, de celuy qui avoit fait ce méchant coup. Le Gouverneur députa Sénéha pour cette expédition, & le fit acompagner de deux Soldats, qui devoient luy donner main-forte. Il y avoit loin du Palais à cet endroit là, & il faloit qu'il passât devant sa maison pour y aller. Ne sachant pas combien de temps il seroit obligé de rester dehors, & se sentant de l'apétit, il proposa à ces deux gardes de venir manger un morceau avec luy. D'autre côté, il y avoit environ un quart d'heure que la sœur de Sénéha, se trouvant indisposée, avoit envoyé prier Marolde de se transporter jusqu'auprès d'elle, parce qu'elle avoit quelque chose de pressé à luy communiquer, qu'elle ne pouvoit pas confier à un autre. J'étois justement alors auprès d'elle ; quand je vis qu'elle vouloit sortir, je me disposay à repasser aussi chez moy. Non me dit elle, je ne resteray pas là où je vais, ce n'est qu'à trois pas d'icy, dans un moment je seray à vous ; tant d'allées & de venues vous fatigueroient, & il n'y a aucun danger à m'attendre. Les paroles de cette aimable femme faisoient beaucoup d'impression

sion sur moy, je me laissay aisément persuader: cependant je puis dire qu'elle fut à peine sortie que j'attendois déja son retour avec impatience, je me repentois de n'être pas rentré chez moy : le cœur me battoit horriblement, & une grande émotion, que je sentois par tout mon corps, sembloit me présager quelque desastre. Etant dans ces cruelles inquiétudes, j'entendis ouvrir la porte, ce bruit fixa mes esprits, je portay tous mes sens de ce côté là, mais hélas ! au lieu de la joye, que je me flatois de recevoir à la vue de l'objet de mes espérances, je fus saisi d'un mortel éfroi lors que j'avisay Séncha acompagné de deux hommes armez jusqu'aux dents. Si j'avois été bien avisé je n'aurois pas bougé de ma place, il n'auroit eu aucun prétexte légitime de me maltraiter : mais mon dessein étant criminel, bien loin de me donner le temps de réfléchir sur les conséquences, je résolus tout d'un coup de me dérober à la fureur de mon ennemi, & là-dessus je saute à corps perdu sur l'armoire, que j'avois laissée exprès ouverte ; pousse la planche de ma tête, & me traîne jusques sur le bord de mon garde-manger en un instant. Il faisoit un peu obscur dans ce coin là, & de la maniére que j'allois, il ne me paroissoit pas que personne me pût entendre. Cependant je fus trompé dans mes conjectures, un de ces Soldats ayant en entrant jetté l'œil du côté où j'étois, & voyant remuer quelque chose, s'avança promtement,
&

& se saisit d'une de mes jambes; son camarade, qu'il appella à son secours, prit l'autre, & ayant fait un éfort pour me tirer à eux, la trape que j'avois levée, tenant là lieu de soûpape, me pressoit si fort sur le dos, & étrécissoit par conséquent tellement le passage, qu'il faloit tout rompre, ou me déchirer en pieces, avant que de m'arracher de là. Ils ne me connoissoient pas, & je ne voulois rien dire; tenez un peu ce gaillard, dit l'un de ces scélérats au Chiou, il faut que je lui apprenne à parler, & à entrer comme un voleur dans la maison des gens: en même temps il tire un couteau de sa poche, fait d'un coup une grande ouverture à mes culotes, me fend la bourse, & m'en arrache avec fureur les deux seuls testons que j'avois au monde, que je tenois encore de mon pére, & que j'avois toûjours conservez aussi précieusement que la prunelle de l'œil, sans que ceux qui me tenoient s'en fussent aperçus, ni qu'ils eussent seulement la pensée qu'il en voulût venir à une telle opération. Le sang, qui commença à ruisseler, les alarma. Qu'avez vous fait, luy dit Sénéha? Je l'ay mis, luy répondit il, hors d'état d'exciter vôtre jalousie, vous avez une belle femme, & je me suis douté enfin que nous tenions icy le François, qui à ce que l'on dit, luy fait l'amour depuis qu'il est arrivé en cette ville; laissez le aller presentement, j'ay en main de quoi vous convaincre que s'il n'a pas été chaste par le passé, il le sera à l'avenir. Comment, dit

alors Sénéha, tout étonné, c'est Méfange que vous avez mutilé ? Vous vous trompez, cela ne se peut pas, il est Eunuque dès sa naissance, ou du moins il passe pour tel dans l'esprit de tous ceux qui le connoissent. Il est le diable, reprit le Soldat, les éféminez n'ont pas la mine qu'il a ; il est sain, vigoureux, bien fait, bien tourné, barbu comme un bouc, il a le teint vermeil ; croyez moy, s'il s'est fait passer pour tel que vous le pensez, ce ne peut avoir été qu'à dessein d'en imposer à votre crédulité, & de parvenir plus aisément à ses fins. Il faut que je sache cela, continua Sénéha, & sortant de sa maison, il entra avec eux dans la mienne, où il me trouva tout étendu couché dans mon sang, sans connoissance ny sentiment. J'avois été dans une si grande agitation, lors que, tandis que l'on me tenoit d'un côté, je me sentois à l'endroit des reins, extrêmement presser de l'autre, que je n'avois rien senti de l'horrible opération que ce cruel garde m'avoit faite : de sorte que dès qu'ils m'eurent laissé aller, je m'avançay avec tant d'empressement du côté de ma retraite, que m'étant mis hors de balance, je tombay de haut en bas, la tête la première contre terre, & me fis un grand trou au dessus du front. Sénéha me voyant dans ce triste état, eut pitié de moy, & s'empressa à me faire revenir. Quand il me vit rouvrir les yeux, Je suis fâché, Monsieur de Méfange, me dit il, du malheur qui vous est arrivé, vous en êtes vous même la cause,

se, votre passion vous a aveuglé : les vues que vous aviez étoient sans doute mauvaises, vous en voila puni dans les formes. Si je vous avois reconnu cela ne seroit pourtant point arrivé : les hommes que j'ay icy avec moy, se sont prévalus des loix, qui autorisent un habitant de cette ville à traiter à discrétion ceux qu'il trouve entrer furtivement dans sa maison, ou en sortir de la maniére que vous tâchiez de vous tirer de la mienne, parce qu'ils sont considérez dans de telles rencontres, comme des meurtriers, ou des larrons. Mais il n'est plus question du mal qui vous est arrivé, il s'agit presentement de le guérir & de commencer par y apliquer de bons remedes. Pour la derniére de vos playes, je m'en vais vous donner un emplâtre souverain ; & pour l'autre j'ay d'une graisse, qui vous tirera d'affaire en très peu de jours. Dans ces entrefaites Marolde étoit revenue à sa maison, les armoires étoient restées ouvertes, on voyoit une quantité considérable de sang sur le plancher, & elle entendoit son mari dans ma chambre, tous indices, qui la menaçoient que j'avois été surpris chez elle, & qu'il y avoit eu des coups donnez. Etes vous là, Sénéha, s'écria-t-elle. Ouy, luy répondit il, venez, venez voir le fruit de vos belles études, & ce qui est arrivé à votre maître. Elle eut beau se contraindre, la pauvre femme aussitôt qu'elle fut instruite des particularitez de mon desastre, elle se mit à pleurer si amérement que j'en fus mille fois plus touché que

que de la douleur que je sentois. Son trouble ne luy ôta pourtant pas l'usage de la raison, elle conserva assez de présence d'esprit pour reprocher fortement à Sénéha, en présence des deux Soldats, que lui même avoit donné lieu à la grande familiarité avec laquelle elle & moy avions vécu ensemble; à quoi elle ajouta plusieurs sermens exécrables qu'elle m'avoit toûjours cru inhabile; mais que néanmoins pour lui ôter & aux autres, tout sujet de scandale, elle même avoit imaginé cette fenêtre de communication, afin de me donner lieu de la voir par là, & d'achever à luy enseigner quelques sciences pour lesquelles elle avoit beaucoup d'inclination. Je n'étois pas fort en état de parler, & encore moins de faire de longs discours, ainsi je me contentay de prendre le Ciel à témoin de l'innocence de Marolde, & de rendre témoignage à sa vertu par les expressions les plus fortes, dont je me sentois capable. Là-dessus je fus pansé, & pour m'éviter la honte d'un côté, & les affaires que cela auroit pu causer de l'autre aux fripons qui m'avoient si mal traité, au cas que l'on vint à examiner toutes choses à la rigueur, il fut conclu, & chacun en fit un serment, que rien n'en seroit divulgué, & qu'on n'en feroit aucune mention à personne. Depuis ce temps là je pris un tel dégoût pour le maudit Pays de Rustal, que nonobstant les caresses que me faisoient Sénéha & sa femme, je résolus d'en sortir à quelque prix
que

que ce fût. Je propofay mon deffein à mes deux Camarades, auffi tôt qu'ils furent de retour de la pêche, où il y avoit trois femaines ou un mois qu'ils étoient allez. Ils fe moquérent de moy au commencement, difant qu'il étoit auffi impoffible de l'exécuter que d'atteindre au Ciel; mais enfin je fis tant d'inftances, & je fçus fi bien leur reprefenter que le hafard & le danger que nous courions de ne gagner pas une des premiéres Ifles habitées de notre connoiffance, étoient des objets indignes de l'appréhenfion de trois hommes tels que nous, qui étions vieux, pauvres, étrangers, fans le moindre appui, éternellement ocupez, & fouvent expofez à la fureur des monftres marins, & des bêtes féroces qui avoient dévoré les autres Chrétiens que la Providence avoit conduits là avec nous, qu'ils fe déterminérent à entreprendre tout ce qui me viendroit dans l'efprit. Nous avions paffé le Solftice d'Eté, nous étions dans la faifon la plus belle de l'année, & un autre grand avantage, que je préférois encore à ceux là, c'eft que nous n'avions en cet endroit qu'autour de quatrevingt trois ou quatrevingt quatre degrez de Latitude Boreale, ce qui abrégeoit confidérablement notre navigation. Je fis préparer, fous prétexte que je voulois m'aller divertir avec mes hôtes, un des plus gros canots que l'on put trouver, où nous eumes foin de porter des vivres pour douze ou quinze jours. Nous fîmes un trou au milieu d'un de fes bancs, afin d'y pouvoir plan-

planter un petit mât, auquel nous avions approprié une vergue, & une voile faite de peaux parfaitement bien repassées. Nous ajoûtâmes à cela des armes ; deux massues, deux haches, quatre rames, des perches à crochet, plusieurs cordes de boyau, une bonne quantité de pithson, & ce que nous crumes nous être absolûment nécessaire pour entreprendre notre voyage. Comme tout étoit prêt, & que je me disposois à sortir de chez moy pour aller au port, un Soldat entra, qui me pria fort civilement de l'acompagner jusque chez le Gouverneur, qui avoit un mot à me dire. Je voulus m'excuser, & remettre la visite à une autre fois, mais il n'y eut pas moyen de me défaire de cet homme, qui ayant changé de langage, me dit d'un air assez fier qu'il ne me quiteroit point avant que je fusse au lieu assigné. A ces mots la crainte me saisit. Qu'y a-t-il donc, mon ami, luy dis-je ? je ne suis pas accoutumé que l'on me traite avec tant de hauteur : se passe-t-il rien à mon desavantage, ou me veut on donner quelque commission qui ne soufre point de délais ? Je ne say ce que vous me voulez dire, reprit le garde, j'ignore de même ce que l'on vous veut ; on m'a ordonné de vous venir quérir, j'ay obéi, c'est maintenant à vous à me suivre. Allons donc, luy dis-je, voyons ce que l'on nous veut, peut être ne nous pendra-t-on pas. Aussi tôt que je parus devant le Protecteur. Hé bien, Monsieur le Philosophe, me dit il, il semble que vous

pre-

preniez plaisir à faire par tout où vous allez, quelque tour de votre métier, voulez vous vous rendre odieux à tout le monde, ou vous faire déchirer en pieces par les habitans de Ruffal ? Moy, Seigneur, lui répondis-je, vous vous trompez assurément, je n'ai rien fait nulle part que je ne puisse justifier, & je n'ay aucunes vues capables de porter le moindre préjudice à personne. Pauvre homme, continua-t-il, vous avez cru agir fort secrétement en équipant une voiture pour vous enfuir, mais il y a huit jours, que je say votre dessein comme vous même. N'ayez vous pas de honte de vouloir payer de la plus noire ingratitude qui fut jamais, le bien que je vous ay fait, & les honnêtetez que vous avez reçues dans notre ville ? Votre science conduit elle à cela, & votre religion autorise-t-elle de si pernicieuses maximes : vous mériteriez que l'on vous enfermât entre quatre murailles pour le reste de votre vie, ou que l'on vous fît mourir de faim. Que Dieu me punisse, lui dis-je, si je say ce que vous me voulez dire. Vous ne le savez pas, reprit Emega ? Ayez vous encore le front de me soutenir une fausseté en face, ou pour mieux dire, osez vous me nier un fait dont votre conscience vous fait des reproches sensibles qui paroissent à mes yeux. C'est à dire que vous voulez que je m'explique, hé bien, n'est il pas vray que vous avez chargé une chaloupe de tout ce qui est nécessaire pour aller en Mer ? Ouy Seigneur, luy répondis-je, dans quel dessein, je vous prie, poursuivit il ?

il ? Dans le deſſein, y ajoutai-je, de nous divertir mes Camarades & moy, & de paſſer quelques jours à la pêche. Vos vues ſe bornent elles à cela, me demanda le Gouverneur ? Aſſurément, Seigneur, répondis-je. Tous vilains cas ſont reliables, continua-t-il, en branlant la tête, on vous fera bien chanter autrement ; en même temps il appelle, & le même homme qui m'avoit conduit chez luy, me fit paſſer dans une autre chambre, où l'on me commanda de reſter juſqu'à nouvel ordre. Incontinent Eméga envoya quérir quatre des principaux de ſon Conſeil, & deux témoins, qui devoient dépoſer contre moy. Quand ces Meſſieurs furent entrez on m'appella, & on me demanda ſi je connoiſſois bien les deux perſonnages qui étoient là, & avec leſquels on vouloit me confronter. Très bien, répondis-je, ce ſont de mes voiſins, d'honnêtes gens, & chez leſquels nous allions cauſer aſſez ſouvent. Que trop, interrompit le Gouverneur ; voyons preſentement ſi vous nierez devant eux que vous avez envie de vous en retourner chez vous, & de porter, comme un traître, votre Souverain à nous envoyer des eſſains de Brigands pour nous ſubjuguer & nous détruire? Eſt ce là le grand mal que j'ay commis, Eméga, dis-je alors, cela ne valoit certes pas la peine d'interrompre d'un moment notre petit voyage, & de vous donner tant d'inutiles mouvemens. Il eſt vray, Meſſieurs, que j'ay ſouvent fait comprendre à ces bonnes gens là que je ſerois

ra-

ravi de revoir un jour ma Patrie, & que je les ay de même entretenus, lors que cela venoit à propos, des forces de plusieurs Princes de l'Europe : j'en ay bien dit d'autres à Bénédon. Quoi parce que nous avons un Roi de France, qui met des armées de deux ou trois cents mille hommes en Campagne, tant en Flandre qu'en Allemagne, en Italie, sur les côtes de son Royaume, & en divers autres endroits : & outre cela un nombre prodigieux de navires de guerre en mer, chargez d'armes à feu, & d'hommes aguerris capables de faire la Loy à toute la Terre, je veux lui vendre & livrer votre Pays : la conséquence n'est pas juste. Mais quand j'aurois formé ce chimérique dessein, je vous déclare ingénument qu'il ne seroit pas en ma puissance de l'exécuter : ce seroit déja cent contre un si nous pouvions gagner quelque havre assuré avec une chaloupe comme est celle que nous avons préparée. Une autre dificulté qui n'est pas moins considérable, c'est de revenir en ces quartiers avec une flotte suffisante pour se rendre maître de Rustal. Depuis que l'on s'est avisé d'équiper des Vaisseaux pour la pêche de la baleine, il y a eu cent Holandois qui se sont avancez jusqu'à dix, à neuf, & peut être même à huit degrez du Pole Boréal : je ne sache point qu'ils aient été plus avant, cela n'étoit pas fort éloigné de vôtre parallèle, je l'avoue, mais ce qui est arrivé à un navire à la fois, n'arriveroit jamais à un nombre

suffi-

suffisant pour vous exterminer. Les vents impétueux, les courans, les glaces, ou d'autres semblables obstacles, les sépareroient avant qu'ils fussent parvenus à cent ou cent cinquante lieues de votre Continent. Mais supposons que les dangers ne sont pas si grands, vous imaginez vous sérieusement, que tout ce que vous possédez valût la moitié des frais qu'il faudroit faire pour venir à vous avec des forces supérieures aux vôtres. Qu'avez vous, je vous prie, puis que vous me forcez de parler, qu'avez vous qui puisse donner l'envie à aucun Monarque de vous inquieter ? Les Etats Généraux des Provinces Unies ont fait des conquêtes dans les Indes Orientales, qui leur ont coûté des sommes immenses, ils y possédent un grand Pays ; qui est à plus de trois mille lieues du leur ; ils y tiennent des armées de mer & de terre à leur solde ; les Comtoirs qu'ils y ont établis pour le commerce sont si considérables que les moindres Officiers, qui y sont ememployez, s'enrichissent en peu de temps : outre cela on n'y va qu'avec beaucoup de risque, & en passant des mers épouvantables qui les tiennent huit ou dix mois en chemin : mais en récompense ils en tirent des trésors immenses. Les Pierreries, les Perles, l'Ambre, le Coral, l'Or, l'Argent, la Soye, la Porcelaine, les Epiceries, & toutes les belles & precieuses nippes qu'ils en apportent dans une seule année, valent plus que tout ce qu'il y a dans les quatre villes de Ruffal. Croyez moy, ce n'a point été pour le beau nez des

habi-

habitans du Mexique que les Espagnols & les Portugais ont fait de si grands éforts pour subjuguer l'Amérique; l'or, qui y étoit plus commun que le fer icy, en a été l'unique cause, quoi que ces Climats là soient tout autres que ceux que vous habitez. Il n'y a que l'intérêt qui fait agir les Puissances; tant que vous n'aurez point d'autres richesses que celles que vous avez, je vous assure que l'on vous laissera en repos, & que pas une ame ne songera à vous molester. La Suéde seule nous fournit autant de fer que nous en avons affaire, le votre y seroit de superflu. Les gens qui ont besoin de fourrures les trouvent dans leur propre Pays, ou s'il leur manque quelque chose, la Moscovie & la Pologne y supléent. Votre pithson est excellent, on ne sauroit le nier, mais nous avons des liqueurs de plusieurs sortes, qui valent autant que celle là, & qui sont si communes que le menu peuple même n'en manque jamais. Tout le reste ne vaudroit pas les frais du transport; car pour ce qui est de la pêche, nous n'avons que faire d'aller si loin. Non, Messieurs, je puis vous dire en homme d'honneur, que bien loin de vous vouloir du mal, je vous souhaite tout le bien imaginable; ces bonnes gens qui vous ont alarmez, ont mal compris mon raisonnement: ils ont pris pour des menaces ce qui ne leur a été raconté que pour leur donner une idée de la grandeur & de la puissance des Potentats sous la direction desquels mes Camarades & moy sommes nez. Le Gouververneur ne favoit que répondre à tout cela, ſes conſeillers le regardoient en levant les épaules : je voyois bien qu'ils auroient fouhaité de ne s'être point attiré cette mortification. Qu'ayez vous à alléguer contre ce que vous venez d'entendre, dit pourtant enfin Eméga aux acuſateurs ; eſt il vray qu'il n'a pas dit poſitivement qu'il nous vouloit fufciter des ennemis. Non, Seigneur, répondirent ils, mais aiant appris que le bruit couroit qu'il équipoit une chaloupe, nous avons cru, après ce qu'il nous avoit raconté de l'avarice inſatiable & de la cruauté de pluſieurs Princes, joint aux petits mécontentemens qu'il prétend avoir reçu parmi nous, que ce ne pouvoit être que pour aller avertir quelque Monarque puiſſant de la découverte qu'il a faite, & l'exciter à nous aſſujettir à ſes Loix. Si ce n'eſt que cela, me dirent ils unanimement, allez vous en au nom du bon Dieu, divertiſſez vous, mais ne vous haſardez pas trop ; nous ſommes fâchez d'avoir retardé de quelques momens l'exécution de votre deſſein. Cela n'eſt rien, Meſſieurs, repris-je, j'eſpére que notre pêche ſera ſi heureuſe que nous pourrons vous régaler à notre retour, d'un excellent plat de poiſſon, afin de vous perſuader que je ne vous porte aucune rancune. Là-deſſus je pris congé d'eux, & allay rejoindre mes gens, qui m'atendoient toûjours avec la plus grande impatience du monde, parce qu'ils ne ſavoient ce que j'étois devenu. Ce petit contretemps, qui nous cauſa quelque chagrin, nous

nous sauva en récompense la vie, car au moment que nous allions démarer, il s'éleva un Ouragan si prodigieux, que de mémoire d'homme il ne s'en étoit vu un semblable : tout ce qu'il y avoit de barques en mer, aux environs de là, périt. Les bâtimens, les arbres, tout ce qui étoit élevé au dessus du niveau de la campagne en reçut un extrême dommage : les lieux en gemissoient, la terre en croûla, & les hommes pénétrez de douleur & de crainte ne doutoient nullement que le monde n'allât prendre fin. Quoique cette tempête ne durât que deux heures, l'Océan en fut si fort agité, qu'il n'étoit navigable que trois jours après : c'est alors que le temps étant tout à fait beau, & le vent doux & favorable pour singler sous le méridien de Méralde, nous nous embarquâmes mes deux anciens amis & moi, en nous recommandant à la garde du tout puissant. Nous nous servîmes de nos rames jusqu'à environ une lieue du port que nous quittions, après quoi nous mîmes à la voile. Il n'est pas concevable avec quelle rapidité nous fendions les eaux, notre bateau passoit comme un trait d'arbalètre ; en moins de douze heures il me sembla que nous avions fait au moins quarante lieues. Là nous fûmes arrêtez par des montagnes de glaces ; il n'y avoit point d'issue, de quelque côté que nous nous tournassions, nous fûmes obligez de rester à l'endroit qui nous paroissoit le plus bas, nous y déchargeâmes notre bagage, & portâmes ensuite avec un travail inexprimable la petite nacelle sur la glace, que nous nous mîmes à tirer tout doucement, par les lieux les moins raboteux, & les plus propres à nous permettre de continuer notre route. Le Ciel, qui ne vouloit pas notre perte, nous fit la grace, après avoir peut être fait une lieue & demie de chemin, de trouver une autre grande étendue de Mer. D'abord que nous eumes remis notre voile nous mangeâmes chacun un morceau, & pendant que l'un étoit au gouvernail, les autres tâchoient à prendre un peu de repos. La course que nous fimes cette fois là, n'étoit pas si considérable que la premiére : à peine avions nous franchi un degré que nous nous trouvâmes dans les mêmes embaras, mais qui durérent si long temps, & où nous souffrîmes si horriblement que nous commencions à desespérer de notre salut. Nous nous en tirâmes pourtant encore. Enfin Dieu voulut que le septiéme jour après notre départ, nous découvrîmes, d'aussi loin que nous pouvions voir, un Vaisseau qui n'avoit point de voiles, mais duquel nous étions séparez par des monceaux de glaçons épouvantables, qui sembloient aller plutôt en augmentant qu'en diminuant. Nous fûmes plus de vingt quatre heures occupez avant que de pouvoir le joindre : lors que ceux qui commandoient dans ce navire nous virent à mille ou quinse cents pas d'eux, ils envoyérent quatre matelots à nous, chargez de chacun un fusil, pour reconnoître qui nous étions. Il nous prirent d'abord pour des habitans de Groenland,

land, parce que nous étions habillez de peaux de bêtes comme eux, de sorte qu'ignorant notre dessein, ils se mirent à crier, & à nous questionner de loin. Qui êtes vous, leur dis-je, nous ne comprenons rien à ce que vous dites? faisant ensuite de grandes inclinations de corps, & étendant les bras, nous tâchons de leur faire comprendre que nous implorions leur merci. Là dessus j'entendis que l'un d'eux prononçoit le mot de Franchman: Ce sont des Anglois, dis-je à mes Camarades. En éfet, je ne m'étois pas trompé de beaucoup; nous trouvâmes, étant arrivez à leur bord, que c'étoit un bâtiment d'Edimburg, Ville Capitale d'Ecosse. Le Pilote, qui avoit parcouru divers climats, savoit un peu de François, & plusieurs matelots n'ignoroient pas la langue Holandoise: cela leur donna lieu de s'informer de notre Patrie, & de l'endroit d'où nous venions; il falut contenter leur curiosité. Le Capitaine auroit voulu pour tous les biens du monde pouvoir parler avec nous, il ne donnoit souvent pas le temps aux autres de nous avoir entendu proférer trois paroles, qu'il en vouloit savoir la signification. Si nous l'eussions voulu croire, nous aurions tâché de gagner le Pays que nous venions de quitter, mais il changea bien de sentiment dans la suite, lors qu'il apprit que les difficultez d'y aborder étoient insurmontables, & qu'outre cela il n'y avoit rien qui fût capable d'enrichir un voyageur. Quoi que l'équipage se fût fort avancé, & exposé à des dangers évidens hors

de temps & de saison, dans l'espérance de faire une bonne pêche, ils eurent le malheur de ne prendre qu'un petit poisson. Cela fit résoudre le maître du navire de relâcher, en s'en retournant, en Islande, où il avoit été plusieurs fois, pour voir s'il y trouveroit des marchandises à porter dans son Pays, capables de dédommager lui & ses associez, des frais qu'ils avoient été obligez de faire pour une entreprise qui avoit eu si peu de succès. Le pauvre homme n'en fut pas à la peine. Ceux de la Religion Réformée croyent à la prédestination, nous sommes d'un sentiment contraire, mais après ce qui nous arriva là, il faut avoüer que l'homme le plus pénétrant, & le mieux entendu, est un animal stupide lors qu'il s'agit de raisonner sur les œuvres de la Providence. Je ne pense pas qu'il y ait-eu jamais une navigation plus agréable & plus heureuse que la notre : l'air, la mer, le vent, tout nous favorisoit. Nous avancions considérablement, sans appercevoir au mouvement du Vaisseau que nous changeassions seulement de place. Cela dura jusques à ce que nous fussions parvenus à la vue de l'Ile, où nous avions fait état d'aborder : nous en pouvions être éloignez de quatre ou cinq lieües au plus, lors que tout d'un coup, & comme si des machines faites exprès pour nous faire enfoncer, avoient été employées par toutes les puissances infernales, nous coulâmes à fond comme une pierre, sans que personne eût remarqué qu'il manquât rien du tout à notre Vaisseau, qui
n'étoit

n'étoit vieux que de quatre ans. J'étois dans ce moment là monté sur une échelle, d'où je regardois ce qui se passoit au dehors, de maniére que je n'avois qu'à peu près la moitié du corps dans la chambre de derriére. La porte de cet endroit là se pendoit fort lâchement, par le moyen de deux pentures, à autant de petits gonds. Cette porte, qui pouvoit avoir deux pieds de largeur, & plus de trois de longueur, resta au dessus de l'eau, & moi le plus déconcerté de tous les hommes, de me trouver à côté, sans qu'aucun autre objet que le Ciel, & l'élément sur lequel je flottois, se presentât à mes yeux. Comme je savois parfaitement bien nager, je m'avançai jusques sur le milieu de cette planche; & à la garde de Dieu, je me laissai emporter aux flots de la mer. Nous avions vent derriére, & nous tirions droit vers Islande. Une heure après notre naufrage les ondes jettérent à côté de moi deux matelots de notre Vaisseau, qui étoient portez par une grande écoutille; nous restâmes les uns auprès des autres autant qu'il nous fut possible, en nous entretenant de notre malheureux sort, & nous encourageant réciproquement à tenir bon aussi long-temps que nous pourrions, jusques à ce qu'il plût à Dieu de nous jetter sur le sec, où il y avoit apparence que nous aborderions bien-tôt, si le vent restoit comme il étoit. En éfet, douze ou quinze heures après notre malheur, soit qu'il y eût là quelque courant, ou que cela vint de la marée,

rée, je sentis le premier terre : L'un des deux autres avoit expiré de froid un moment auparavant. Plusieurs insulaires nous voyant sortir de l'eau, vinrent à nous, & nous firent bien des caresses ; ils allumérent d'abord un grand feu, à la faveur duquel nous nous dépouillâmes de nos habits, & en mîmes d'autres qu'ils nous donnérent ; ils nous apportérent aussi ce qu'ils avoient de meilleur à manger, qui n'étoit à la vérité pas grand chose. Je fus surpris de voir que cette Ile, qui, à ce que j'appris, a environ quatre cents lieues de tour, située sous le Cercle Polaire, est plus stérile que Russal. La terre n'y vaut rien à brûler, & il n'y croît que de petits genevriers, de sorte que ses Habitans n'ont point d'autre bois que ce que les vagues de la mer, & les glaçons, jettent sur leurs côtes, ce qui fait que ce sont principalement ces endroits là qui sont habitez. Leurs alimens ordinaires consistent principalement en du poisson sec ou frais, & ce qui est surprenant, c'est que leurs bœufs & vaches, qui n'ont point de cornes, & qui ne trouvent à brouter à la campagne, qu'environ l'espace de trois mois par an, s'en accommodent aussi bien qu'eux. Depuis que le Roi de Dannemark a pris possession de ce Pays là, ces insulaires ont embrassé la Religion Lutherienne : mais comme les gens y sont pour l'ordinaire simples, & d'une ignorance crasse, on peut dire véritablement que la plupart d'entr'eux ne savent pas bonnement ce qu'ils sont. Le Diable, qui se plait parmi

parmi les ignorans, joue là, à ce qu'ils disent, extrêmement bien son personnage: il ne se passe presque point de jours que l'un ou l'autre n'ait eu quelque vision, ou n'ait été maltraité des Démons. Ils ignorent s'il y a plusieurs Enfers, mais ils prétendent savoir de science certaine que le lieu, où souffrent leurs damnez, est aux environs d'Ecla, qui est une fameuse montagne, éternellement couverte de neige sur le sommet, & souvent tout en feu vers le bas. Ce feu n'est pas pourtant toûjours également violent, en des temps il n'est que médiocre, en d'autres il est épouvantable, étant accompagné d'un sifflement de vent prodigieux, & de roulemens comme de tonnerre, qui semblent menacer l'Univers de sa fin. Le mouvement impétueux, dans lequel sont les parties sulfureuses, qui sont renfermées dans ce mont, ouvre des goufres, par lesquels il sort des pierres, qui vont tomber jusqu'à un mile de là. Je ne voulus pas prendre la peine d'aller si loin pour examiner ce prodige, parce que l'on m'assura qu'il n'est pas possible d'en approcher: il y a par tout aux environs de grands monceaux de cendre, & quelquefois là dessous des creux, où s'abîment ceux, que la curiosité, ou l'intérêt, pour y chercher des veines de soufre, dont il y a des mines inépuisables, y conduit. C'est principalement en ce minéral, aussi bien qu'en huile de baleine, en cuirs & en beurre, que consiste leur négoce; & dont ils sont obligez de subsister. Ils vivent la plupart en communauté de toutes choses, hormis de leurs femmes, dont ils sont plus jaloux que l'on n'est parmi les Turcs, sur tout depuis qu'ils ont commencé à fréquenter les Etrangers, qui les ont trompez en mille occasions différentes, & leur ont appris des vices, qui leur étoient absolument inconnus. Ce que je viens de dire de leur jalousie est si véritable, qu'il y en a qui sont assez insensez pour ne pas vouloir survivre à un simple soupçon, qu'ils pourroient avoir de l'infidélité de leurs femmes. En voici un exemple, qui étoit arrivé à Hola quelque temps avant moi. La femme du Gouverneur sentant les douleurs de l'enfantement, envoya querir ses voisines, & quelques autres personnes de sa connoissance; l'une des plus familiéres aiant assisté à ce travail, long & fâcheux, quinze ou vingt heures de temps, se trouva si débile, & tellement épuisée, qu'elle demanda la permission de s'en retourner à sa maison: on ne voulut pas le lui permettre, elle fut priée d'entrer dans une petite chambre, où il y avoit un lit, sur lequel on l'obligea de se jetter, pour prendre un peu de repos. Son mari étoit alors à la chasse, il en revint dans ces entrefaites, assez bien chargé de gibier, & entr'autre d'un liévre. Comme ces sortes d'animaux sont là assez rares, il crut qu'il ne pouvoit mieux faire que de le porter chez le Chef des Habitans de ce quartier là, qui avoit souvent pour lui des égards tout particuliers. Etant venu à sa porte, il demanda à lui parler en personne : un enfant,

fant, qui se trouva la casuellement, lui dit de le suivre, & le mena où il avoit vu un moment auparavant entrer son pere, dans le dessein d'y prendre un livre, que lui même y avoit posé. Le malheur voulut que cette femme innocente, qui étoit dans le même appartement, entendant la voix de son mari, qui s'entretenoit avec son guide, se mit sur son séant: là-dessus ce malheureux entre par une porte, justement comme le Gouverneur sortoit par une autre; cette vue le troubla tout d'un coup, à quoi ne contribua pas peu la situation où étoit sa femme, pale, négligée, mal en ordre. Il ne douta nullement que profitant de son absence, elle ne se fût abandonnée à celui qui venoit de disparoître: de sorte que, sans examiner la chose de plus près, il sortit, & s'alla lui même étrangler de dépit. Le Vice-Roi, ou Gouverneur Général, qui demeure au château de Bestede, aiant entendu parler de moi, comme d'un homme qui avoit demeuré long-tems avec des Peuples, qui jusqu'alors n'avoient été connus de personne, me fit venir auprès de lui, & me força de choisir sa maison pour mon asile. Je ne saurois exprimer les caresses que lui & Madame son épouse me firent, ils n'avoient rien de caché pour moi, tout ce qu'ils possédoient étoit à mon service, & je ne faisois absolument que ce que je voulois. Nous étions la plupart du jour ensemble à nous entretenir de ce qui m'étoit arrivé depuis aussi loin que je pouvois me ressouvenir jusqu'à mon dernier naufrage. Je

I 5 n'a-

n'avois pas plutôt achevé l'Histoire tragique de ma malheureuse vie, qu'il faloit par complaisance, sous prétexte qu'ils en avoient oublié la meilleure partie, que je la leur recommençasse incontinent. Cela avoit duré long-temps lors que le Gouverneur, ayant un jour plus bu qu'à son ordinaire, me dit, Mésange, vous n'êtes plus jeune je l'avouë, cependant on ne peut pas savoir quelle sera vôtre fin: vous avez eu de mauvais jours, vous en avez eu aussi de bons. La vie de l'homme est sujette à mille révolutions différentes; les changemens qui nous arrivent, ne doivent point nous étonner : s'ils sont à notre avantage, il en faut jouir avec plaisir, lors qu'ils sont fâcheux, Dieu veut que nous les supportions avec patience, persuadez que c'est pour nôtre bien, ou dans l'espérance que nous serons plus heureux à l'avenir, & que les graces que nous avons à attendre, nous récompenseront au double de toutes nos misères passées. Il ny a peut être pas, entre nous, d'homme dans cette Ile de plus vile extraction que moi, qui ait été plus mal-traité de la fortune, & qui soit enfin parvenu à un plus haut comble de felicité. C'est un secret qui doit rester entre nous, ma propre femme n'en sait rien, & il n'y a pas une ame qui ne l'ignore, c'est pourquoi je vous deffens de le jamais divulguer, comme je garderay aussi par devers moi plusieurs circonstances de vôtre vie, que vous m'avez confiées. Mon père étoit Grec, petit de stature, pâle, assez mal sain, & de
fort

fort mauvaise humeur. Au contraire, ma mere, née en Egypte, étoit grande, bien faite, forte, vigoureuse, bonne, & aussi intriguante que femme du monde le pouvoit être. Comme, à l'exemple de leurs ancêtres, ils n'arrêtoient jamais en un lieu, ils eurent un fils au Caire, qui est bien, peut être, la plus grande, la plus riche, & la plus populeuse Ville de l'Univers, & où il est libre à tout le monde de demeurer, & de vivre comme bon lui semble. Il y a des Indiens, des Ethiopiens, des Persiens, des Barbares, des Amériquains, des Schytes, des Tartares, des Assyriens, des Libyens, des Juifs, des Grecs, des Latins, des Mores, des Arabes, & principalement des Turcs, qui en sont les maîtres à présent. Quoi que mes parens eussent là tout sujet d'être contens, dans l'abjecte & méprisable profession de tireurs d'horoscope qu'ils exerçoient, il leur fut impossible d'y rester; ils passérent en Europe, où ils exercérent leur métier avec succès. Il me souvient entr'autres avantures qui leur arrivérent, pour l'avoir oui conter plusieurs fois à mon frere, qu'étant arrivez à Rome, ils allérent loger dans un cabaret borgne, qui étoit le refuge de tout ce qu'il y avoit de canaille & de médisans dans cette paroisse là; tous les particuliers y étoient connus, & on ne manquoit pas, au moindre sujet qu'ils en donnoient, de s'en entretenir au long & au large dans l'occasion. Ils étoient alors après les trousses d'une marchande du quartier, qui étoit encore fille, & dont le dernier galant

étoit

étoit décédé subitement pendant que l'on publioit leurs bans. On alla rechercher toutes les circonstances de sa vie, jusqu'au malheureux incident qui venoit de lui arriver. Ma mére, à qui rien n'échappoit, ne manqua pas dès le lendemain au matin de l'aller trouver, & en achetant des épingles & un méchant peigne de buis, elles se mirent à causer ensemble. Vous êtes triste, Mademoiselle, lui dit ma mere, ne vous trouvez vous pas bien, ou vos affaires ne vont elles pas comme vous le voudriez ? Ce n'est ni l'un ni l'autre, répondit la marchande, je suis en bonne santé, & j'ai autant de débit de mes denrées que je le pourrois raisonnablement souhaiter. Vous avez pourtant quelque chose, reprit ma mere, qui vous donne de l'inquiétude, il m'est impossible de le deviner, mais si je voyois vôtre main, je le saurois. Comment, dit la Demoiselle, vous pourriez voir dans ma main ce que j'ai sur le cœur, & la cause de ce qui, selon vous, me rend sombre & mélancolique, c'est de quoi je doute fortement, & que j'ai fait passer pour une erreur grossiére depuis que je me connois ? tenez, la voila ma main, voyons un peu ce que vous savez faire. Vous avez justement trente ans, continua ma mere. Cela est vrai, répondit elle ; mais à quoi le voiez vous. On le voit sur la ligne de vie, dit ma mere, là où nos jours sont marquez; il y a des regles infaillibles pour cela. Vous avez perdu votre pére fort jeune, vôtre mere est morte de la Phtisie il n'y a que trois ans:

il

il y en a treize que vous tombâtes du haut en bas de l'escalier, & que vous vous rompîtes le bras droit, mais vous en avez été si bien guérie, qu'il ne vous en est resté aucune incommodité. Attendez, voici ce me semble une alliance presque éfacée, oui justement. Vous deviez vous marier de demain en trois semaines, mais la mort vous a enlevé votre Amant. Je vois que vous êtes fort sujette au mal de dents : souvent vous avez la migraine. Vous n'avez ni freres ni sœurs, tous ceux que vous avez eûs sont morts en bas-âge. Tout ce que vous me dites là est vrai à la lettre, interrompit cette fille, il me semble qu'on ne le sauroit savoir sans être sorcier, ou sans me connoître à fond ; y a-t-il long-temps que vous êtes en cette ville ? J'y suis depuis hier au soir, repliqua ma mere, & je n'y avois jamais été auparavant ; pourquoi me demandez vous cela, est ce que vous vous imaginez que je me suis informée de vous ? Je ne connois pas une ame en ville : Je vous l'ai déja dit, notre science est certaine, & il n'y a que les libertins, & les esprits forts, qui n'y ajoutent point de foi, & qui tâchent à nous décrier. Pour vous en donner des preuves convainquantes, j'ose vous dire que vous aimez presentement un Veuf, Maître Chapelier de son métier, avec autant de passion que vous avez fait le précédent : vous ne l'épouserez pourtant pas, il y a un parti plus considérable qui vous est réservé, mais vous ferez auparavant une autre fortune, qui vous

fera

fera quitter votre négoce. Avez vous envie de changer de maison ? Non, repliqua la marchande. Permettez moi donc d'entrer un peu plus avant, reprit la chiromancienne. Vous aurez bien tôt parcouru tout mon logement, dit l'autre ; je suis ici dans un lieu de passage, un marchand doit plus regarder au débit de sa marchandise qu'à sa commodité ; suivez moi, je n'ai que cette seule chambre en bas, avec une méchante & très petite cuisine. Cela suffit, poursuivit ma mere, l'odeur de ce que je cherche m'est déja venue au nez : il y a ici un trésor ; n'y revient il point d'esprits ? Il y a quarante ans que nous y demeurons, sans que j'aie jamais entendu de mes parens qu'on y ait vu la moindre chose, dit la fille. Je suis surprise de cela, reprit ma mere, ordinairement le Diable prend possession de l'or & de l'argent qu'il y a neuf fois neuf ans qu'il est enterré, il y a près d'un siecle que celui ci a été enfoui par une vieille femme avare, qui avoit peur de quelque fâcheuse révolution : je ne vois point de lignes dans votre main qui en determine au juste la somme, tout ce que je puis vous en dire c'est qu'elle est considérable, elle doit aller au moins à vingt mille écus, & ce qu'il y a de.... Mais savez vous l'endroit où il est, ce prétendu tresor, interrompit brusquement la Demoiselle ? Non pas encore, répondit ma mere, je ne le puis savoir qu'après un sérieux examen, & de certaines cérémonies, qui demandent du temps & de la dépense. Hé bien,

& vous me le pouvez indiquer, continua l'autre, je vous ferai un présent dont vous vous souviendrez long-temps. Je ne suis point intéressée, lui dit ma mere, je me contente de peu de chose lors que je rends service à d'honnêtes gens, mais je n'entreprendrois jamais une affaire de cette conséquence que vous ne me fissiez auparavant serment de me garder le secret, parce que si cela venoit aux oreilles de la justice, & sur tout ici où il y a une inquisition, je serois infailliblement châtiée, non seulement en qualité d'enchanteresse, mais comme complice du crime de péculat, en ce que par là je vous aurois donné occasion de prendre possession d'un bien, qui appartient ou au Prince, ou à l'Eglise, ou au proprietaire du fond où il est renfermé. Ha! pour cela, dit la Demoiselle, vous n'avez que faire d'être en peine, sans serment vous ne sauriez manquer d'être en seureté, puis qu'il est de mes propres intérêts de n'en rien dire. Hé bien, continua ma mere, à ces conditions là, donnez moi deux cents écus, & votre affaire est faite. Je vous en conterai cent, répondit d'abord la marchande. Il y eut bien des contestations de part & d'autre, avant qu'elles tombassent d'acord pour la somme de trois cents cinquante francs. Le marché étant fait, elle lui dit qu'il faloit qu'elle allât acheter des drogues, & faire les préparatifs nécessaires pour une œuvre de cette importance. Etant revenue au bout de deux heures, elle lui conseilla de faire venir chez elle quelque

femme

femme de sa connoissance, en qui elle se pût fier, & qui fût capable de prendre garde à sa boutique, parce que quand la cérémonie seroit une fois commencée, il étoit impossible de l'interrompre sans tout gâter: mais dans l'appréhension où elle étoit que la mine ne s'évantât, elle lui fit comprendre qu'elle aimoit mieux en différer l'exécution jusqu'au soir, que les boutiques seroient fermées, puis qu'alors, quand il viendroit quelqu'un, elle pourroit faire semblant d'être sortie, comme cela lui arrivoit assez souvent, & obliger par là les marchands à revenir une autre fois. Etant de retour à l'heure dite, les déniers furent contez, sur quoi elles allérent ensemble à la cave, où l'enchanteresse, pour exercer son art magique dans les formes, fir quantité de grimaces, à quoi l'autre ne voyoit absolument goute : elle la fit monter vingt fois pour aller quérir des choses, dont elle prétendoit avoir besoin. Pendant son absence elle fourra un écu entre deux pierres, de maniére qu'elle seule le pouvoit appercevoir. Enfin elle décrivit un grand cercle, dont la circonférence devoit avoir huit piez, cinq pouces & quatre lignes, à ce qu'elle lui faisoit accroire. Elle traça au Centre de cette figure des caractéres Arabes, qu'elle avoit appris exprès pour s'en servir dans de semblables conjonctures; puis l'aiant fait mettre dessus, le visage tourné vers un tel endroit, & faisant certaine posture, qu'elle prétendoit être essentielle à cette cérémonie, elle lui défendit de bouger

de

de là, ni de remuer pié ni patte, jusques à ce que tout fût achevé, sous peine de voir le Diable, qui à la vérité ne lui feroit point de mal, mais dont elle pourroit avoir une telle frayeur, qu'elle s'en repentiroit le reste de ses jours. Là-dessus elle mit le feu à un parfum de bonne odeur, un moment après, bon s'écria-t-elle, toute transportée de joye, nos affaires vont bien; voyez vous, voila déja des especes qui montent d'elles mêmes, pour nous assurer de la vérité du fait, & se baissant, elle tira en sa présence la piece qu'elle avoit mise en terre un moment auparavant. La Demoiselle parut ravie d'un si heureux commencement, & s'engagea de nouveau à la mieux récompenser de ses peines. Patience, dit ma mere, je ne vois plus rien venir, il manque apparemment quelque chose ici, en même temps elle tire un petit livre de sa poche. Je m'en suis bien doutée, continua-t-elle, j'ai oublié dans ma composition un quart de grain d'ambre-gris, & deux dragmes de pierre d'aiman, il faut nécessairement que cela y soit, ou nous ne ferons rien qui vaille. Ne branlez pas de là où vous êtes au moins, je vous en avertis, que mal ne vous en arrive; je cours chez le droguiste, qui ne demeure qu'à trois pas d'ici, pour prendre cela, & encore un peu d'encens, je serai incontinent de retour. En sortant elle se saisit d'un gros paquet de gans de Franchipane musquez, & de quelques pieces de ruban d'Avignon, qui étoient sur le comtoir, & prit le chemin de son logis avec

toute

toute la diligence possible. S'il est permis de de conjecturer, il y a beaucoup d'apparence que la dupe cependant étoit dans un si grand trouble, de cette cérémonie nocturne, & que tant de différentes grimaces avoient fait une telle impression sur son esprit, qu'elle étoit incapable de faire aucune réflexion à ce qui se passoit: mais deux ou trois heures s'étant écoulées sans qu'elle vit revenir personne, il est de même vrai-semblable qu'elle commença à entrer dans le doute, & qu'appréhendant d'avoir été abusée, elle remonta en haut, & reconnut bien-tôt, à sa grande confusion, que non seulement elle avoit perdu l'argent qu'elle avoit conté, mais qu'on lui avoit encore emporté pour plus de cent francs de marchandise. Ce qui me confirme dans cette pensée, c'est que mon père passa justement devant sa porte, en revenant aussi d'une petite expédition, comme elle l'ouvroit, en jettant des soupirs, qui lui faisoient pitié à lui-même, & ayant regardé des deux cotez, le long de la rue, elle la referma, de peur, peut-être, qu'il ne lui arrivât quelque chose de pis, car il étoit tard, & tout le monde s'étoit retiré, on ne voyoit plus personne. De vous dire si elle divulgua ce qui lui étoit arrivé, ou si la crainte de s'en voir moquer ouvertement la fit taire, c'est ce qui ne m'est pas possible : je sai seulement que nos gens s'éclipsérent dès le lendemain de grand matin, avec le butin qu'ils avoient fait l'un & l'autre. Après avoir parcouru l'Italie, leur but n'étant que

de

de courir le Pays, comme ils avoient fait avec leurs parens, ils passèrent à Paris, & allèrent se loger dans l'un des Faux-bourgs. Mon Pere alla d'abord acheter à la fripperie un habit d'écarlate galonné, qu'il apporta à ma mere, laquelle s'étant travestie, laissa son enfant à d'autres Egyptiens de sa connoissance, & s'en alla à l'autre extrémité de la ville, se mettre dans une assez bonne auberge, avec son mari, qui lui servoit de valet. Elle se faisoit passer pour un Capitaine Cévennois, qui, ayant des affaires à la Cour, venoit en même temps faire des recrues. Elle s'étoit fournie d'un coffre rempli de vielles nipes, & de plusieurs sacs pleins de cailloux, & de morceaux d'ardoise arondis, dont son domestique avoit soin de faire parade toutes les fois qu'il en avoit l'occasion, en les changeant de place, ou faisant semblant de chercher, ou d'enfermer quelque chose, de sorte que dans peu de jours tout le quartier sçut qu'il y avoit là un Officier, qui devoit avoir part aux grandes fermes, ou être en possession de la clé du tresor public, puisqu'il avoit plus d'or & d'argent qu'il n'en auroit falu pour enrôler tous les porteurs d'eau de la ville. Dans ces entrefaites le Capitaine devint subitement malade, le Tailleur qui lui avoit fourni un habit complet, de la valeur de trois cents écus au moins, fut obligé de le laisser dans sa chambre, sans en être payé, parce qu'il faloit que Monsieur l'essayât auparavant. On dit aussi au Perruquier de laisser plusieurs perruques de prix

entre

entre les mains du valet de chambre, afin que le malade en pût choisir une ou deux à sa fantaisie, aussi tôt que la fiévre lui donneroit un peu de relâche. On fit apporter de même des montres à boîte d'or, avec de très beaux étuis, de chez différens Horlogers, que l'on devoit garder à l'essai. Il vint en même temps deux boutons garnis de diamans pour mettre aux manches ; le Joaillier apporta une bague de quarante pistoles. Enfin, chacun étant avide de gain, fournissoit tout ce qu'il pouvoit, afin de faire une plus grande bréche aux sacs. Il n'y eut pas jusqu'à l'Apôticaire, qui pour faire valoir davantage une Médecine, l'envoya dans un beau gobelet d'argent. Tout cela se faisoit avec la plus grande confiance du monde, parce que l'hôte, à qui plusieurs demandérent s'il n'y avoit point de danger avec cet homme que l'on ne connoissoit pas, se croyant suffisamment nanti, disoit franchement qu'il vouloit bien être sa caution. Enfin aiant fait un grand amas de tout ce qu'ils purent attraper de plus précieux, mon pere emporta ce bagage, petit à petit, jusqu'à l'habit du Capitaine, & ma mere aiant repris ses vêtemens de femme, qu'ils avoient eu soin d'apporter avec eux, elle prît son tems pour s'exquiver un soir, lors qu'il n'y avoit personne autour de la porte. Un peu après mon pere alla dire à l'hôte, qu'étant obligé de s'absenter pour une demi-heure, il le prioit de ne pas permettre qu'il entrât personne dans l'appartement de son maître, qui dor-

dormoit tranquillement, de peur qu'on ne l'éveillât, à moins que lui-même n'appellât pour être servi de quelque chose. Ce qu'ils avoient ramassé là étoit considérable, & surpassoit de beaucoup toutes leurs captures de Rome. Cependant cela ne leur profita de rien : ils dépensoient leur bien comme ils le gagnoient, de sorte que souvent, avec toutes leurs subtilitez, ils avoient faute de pain, ce qui venoit pourtant principalement de ce que mon pere jouoit, & qu'il étoit malheureux à l'excès. Ces sortes de tours là sont assez ordinaires dans les grandes villes, interrompis-je, & il est surprenant que les habitans s'y laissent encore attraper. J'ai ouï conter dans Leiden, au Gouverneur d'un Milord qui étoit du nombre de mes écoliers, une piéce que l'on fit de son temps à un jeune Etranger, qui m'a fait rire autant de fois que j'y ai pensé depuis, & qui mérite bien de vous être racontée présentement, que nous sommes sur le chapitre des Chevaliers de l'industrie. Un bon Bourgeois de Verdun, lieu renommé en France pour les excellentes dragées qui s'y font, avoit une sœur riche, qui demeuroit à Paris, avec plusieurs de ses enfans. Pas un de sa famille ne l'avoit encore vue, quoi qu'ils y eussent été invitez plusieurs fois : ils étoient éloignez les uns des autres, & aucun d'eux ne se plaisoit à voyager. Enfin cet honnête homme aiant résolu de lui envoyer son fils, âgé de seize à dixhuit ans, fit venir le Messager chez lui, & lui recommanda fort

fort étroitement ce jeune homme, qu'il avoit pourvû de bons habits, de beau linge, d'une montre, d'une bourse d'or de mille frans, tant pour fournir aux frais du voyage, que pour paroître dans les compagnies où il s'agiroit de mettre la main au gousset : Il lui avoit donné outre cela un cheval, & plusieurs jolis presens pour ses neveux & pour ses nièces. Le Roulier, qui avoit de l'expérience, ne fit aucune difficulté de se charger du personnage, il s'engagea sans peine de le remettre entre les mains de ses parens : de sorte qu'ils se separérent également contens l'un de l'autre. Nos voyageurs se divértirent parfaitement bien en chemin, & arrivérent en bonne santé, dans la Métropolitaine du plus beau Royaume du monde, au temps du Carnaval, que la Ville fourmilloit de mascarades. Tout ce que ce Novice avoit ouï coñter ailleurs, n'étoit rien au prix de ce qu'il voyoit lui-même ici ; il étoit charmé de la diversité des différens objets qui se presentoient à sa vue. Son Guide avoit beau le presser de continuer son chemin, il s'arrêtoit à tout bout de champ, ou à considérer les maisons, ou à lire les enseignes, de manière qu'il n'y avoit pas moyen de le faire avancer. Quelques dégourdis, qui se servoient de l'occasion pour se divertir, l'aiant observé de loin, résolurent de profiter de son innocence ; ils l'attendent masquez devant un cabaret. Que cherchez vous, Monsieur, lui dit l'un d'eux, qui connoissoit le Messager, lors qu'il les approcha ? Vous venez de
Ver-

Verdun, à ce que je vois, nous attendons quelqu'un de là, seroit ce bien vous ? Je ne sai, Monsieur, répondit ce jeune homme, je m'appelle un tel, & je viens ici exprès pour voir une tante, des cousins, & des cousines, dont je ne connois que le nom, qui est tel. Ne vous le disois-je pas bien, s'écria un autre, que ce devoit être lui : il a sur ma foi un certain air de famille, qui me l'a fait reconnoître de cinq cents pas. Je le crois bien, reprit le Novice, vous aurez été avertis par lettre, du jour de mon départ, vous savez à peu près mon âge, & le messager de Verdun ne vous est pas inconnu. Tout cela est vrai dit le mascarade, mais sans cela, je vous jure que j'aurois gagé cent pistoles contre une que vous étiez de nos parens. C'est donc vous, mon cher Cousin, poursuivit il, en l'embrassant, vous êtes le très-bien venu; Et comment se portent mon oncle, ma tante, & tous les enfans ? Tous les enfans, interrompit le jeune homme, ne savez vous pas que je suis seul, & que ma niere n'en a même jamais eu d'autres ? Vous avez mort-bleu raison, répondit le prétendu cousin, en éclatant de rire, cela m'est échapé sans y penser, parce qu'il me semble qu'il en doit être dans votre maison comme chez nous : mais allons, allons, nous perdons ici misérablement le temps, que nous pourrions mieux employer ailleurs. Ce n'est pas là notre logis, c'est un cabaret, où nous avons fait apprêter la collation, aidez nous promtement à l'expédier, & d'abord que cela sera fait,

fait, nous irons trouver ma mere; elle fera ravie de vous voir, la bonne femme, il n'y a point de jour qu'elle ne parle cent fois de vous, comme du fils unique d'un frere, qu'elle a aimé passionnément toute sa vie. Là-dessus voulant lui aider à décendre de cheval. Tout beau, Messieurs, s'écria le Messager, qui se doutoit bien, à plusieurs indices qui lui rendoient ces gaillards là suspects, que son homme étoit tombé en de mauvaises mains, Monsieur a été confié à mes soins, je ne m'en défais point qu'à bonnes enseignes, il me faut caution pour sa personne, ou je prétens que ceux qui le reclameront s'addressent à mon logis, afin que mon hôte en puisse prendre connoissance, que je l'accompagne moi même jusque chez ses parens; & qu'ainsi je sois en état à mon retour, de rendre à son pere un conte exact de ce qu'il a fait avec moi, & de ce qu'il est devenu. Je vous suis fort obligé, dit le jeune homme à son Guide, ces précautions là seroient bonnes ailleurs, & dans une autre conjoncture, ici elles ne sont point de saison : je ne suis pas un enfant, & vous voyez bien qu'étant déja avec les personnes que je cherche, & pour l'amour desquelles je suis venu exprès dans ce Pays, il seroit ridicule d'aller avec vous. Le Messager voulut répondre à cela, avec discrétion pourtant, de peur de s'attirer des affaires sur les bras avec des gens, qui paroissoient legers de la main, mais toutes ses raisons furent inutiles, & il falut, malgré lui, qu'il laissât

ce

ce malheureux, en proye à des coquins, qui nonobstant la prudence avec laquelle il leur parloit, commençoient à le menacer de punir sa témérité, s'il persistoit plus long-tems à les traiter indirectement de malhonnêtes gens, & leur cousin d'innocent, comme s'il n'avoit pas assez de jugement pour se conduire lui-même. Aussi-tôt que Monsieur eut mis pié à terre, chacun l'embrassa de nouveau, on le mena dans une chambre, où il y avoit en effet à boire & à croustiller, & son cheval fut mis soigneusement à l'écurie. Il ne faut pas demander si en le faisant chifler, on s'appliqua à lui tirer les vers du nez, il ne falut pas faire de grands efforts, ni user de beaucoup de finesses, pour lui en faire dire plus qu'il n'étoit nécessaire d'en savoir. Etant bien instruits des choses, on alla dans une maison de débauche faire accommoder une maquerelle, à peu près de l'âge & de la posture que devoit avoir la tante du jeune homme, d'une manière convenable à sa condition: on trouva de même deux filles de joye, qui devoient jouer le personnage de ses Cousines. Quand tout fut prêt, on le mena là; comme on les avoit informées de cent choses, que lui même avoit dites sans s'en appercevoir, il fut surpris de les voir si bien instruites de l'état des affaires de sa famille, & il lui seroit plutôt venu dans l'esprit que Pégase étoit Métamorphosé en un Cheval de bronze, que de les soupçonner du moindre artifice. Ces femmes le reçurent de la manière du monde la plus caressante, elles pensérent le manger de la joie de le voir qu'elles lui protestoient d'avoir. Enfin, quoi que ravi lui même du bon accueil qu'on lui faisoit, étant fatigué du voyage, & abbatu de sommeil, il demanda à s'aller coucher. On eut soin, avant que d'y consentir, de le régaler d'un petit verre d'une certaine liqueur, qui devoit le délasser, & lui faire tous les biens du monde, mais qui au fond étoit un breuvage pour lui donner un promt cours de ventre. En le mettant au lit ses Cousines le priérent, au cas qu'il lui manquât quelque chose pendant la nuit, d'appeller, parce que leur chambre étant à côté de la sienne, il leur seroit aisé de l'entendre, & de l'accommoder de ce qu'il voudroit. Peu après la médecine opéra; il resta long-temps dans l'espérance que ce ne seroit qu'un vent, ou qu'il pourroit du moins tenir bon jusqu'au Soleil levant: mais il en étoit bien éloigné, il se sentit tout d'un coup attaqué de tranchées si violentes qu'il fut obligé d'appeller à son secours. A ces cris, l'une des Cousines, qui étoit en sentinelle, paroît, qu'avez vous, mon cher Cousin, lui dit elle, c'est ma coutume de lire assez tard, je ne me suis pas encore couchée, y a-t-il quelque chose de votre service avant que j'aille prendre un peu de repos? Oh! ma Cousine, lui répondit il, je n'en puis plus, il m'a pris là une colique qui me tue, je n'en ai jamais eu de semblable; on diroit que j'ai des vipéres dans le ventre, qui m'arrachent les intestins, indiquez moi les lieux, je vous en supplie, il me semble si je

pouvois

pouvois faire une bonne selle, que cela me soulageroit sensiblement. Helas! mon cher Cousin, reprit la belle, nous sommes du nombre de ceux qui n'ont point de privé dans leur maison, c'est une incommodité qui est assez ordinaire en cette ville, mais voici une porte qui donne sur le derriére, où il n'y a que des écuries, passez vitement vos caleçons, & mettez vous là contre la muraille, j'attendrai ici que vous ayez fait. Aussi-tôt que le Cousin fut sorti, la bonne Cousine ne manqua pas de bien fermer la porte, & de se retirer tout doucement. Il faisoit froid, suivant la saison, & le misérable fut forcé de rester là assez long-tems: s'étant enfin relevé, il vient en tâtonnant chercher l'endroit par où on l'avoit mis à la rue; il pousse d'un côté, il tarabuste de l'autre, se sentant gelé de froid, il se met à crier de toute sa force. Ma Tante, ma Tante, ma Cousine, ma chére Tante, ayez pitié de moi, mes Cousines, je gele, je me meurs, au nom de Dieu ouvrez moi. Comme il se desespéroit de crier, un Crocheteur, qui s'étoit amusé un peu tard à boire, & qui s'en retournoit chez lui, voyant un corps blanc de loin, appréhendoit que ce ne fût un fantôme: les plaintes & les cris qu'il lâchoit, le firent pourtant avancer de quelques pas. Qui est ce qui crie là, dit il, c'est moi, répondit le jeune homme, approchez vous, je vous en prie, & me montrez la porte de la maison de ma Tante, j'en suis sorti pour faire mes affaires, & je ne la saurois re-

retrouver. A ces mots le Porte-faix s'avance, & après s'être bien informé de tout, Le lieu que vous me montrez, m'est très bien connu, Monsieur, lui dit il, c'est une maison de débauche, un véritable coupe-orge ; vous êtes heureux d'en être sorti à si bon marché. Venez avec moi, je vous conduirai jusqu'au logis du Messager qui vous a amené ici. Il étoit autour de minuit, il y avoit trois heures que l'homme qu'ils cherchoient dormoit d'un sommeil profond, il falut l'éveiller pour l'instruire de cette belle avanture, à laquelle il n'y avoit point d'autre remède, que de prendre patience, & former la résolution d'être plus prudent une autre fois. La piece est bonne, reprit le Gouverneur, elle vaut sans doute bien celle que je vous ai racontée, mais continuons. Nos gens aiant quitté Paris, passérent en Allemagne, où ils firent cent tours nouveaux, que je laisserai de peur de n'en voir jamais la fin. Enfin ils poussérent jusques en Pologne : étant arrivez à Kracovie, ils furent obligez d'y faire quelque séjour, parce que ma mere, étant à la fin de son terme, attendoit tous les jours le moment d'accoucher. Ce fut là où je vins au monde : mon frere, auquel on avoit donné le nom de Béronice, pouvoit avoir six ou sept ans, & on me nomma Constance. Les couches étant faites, nous quittâmes la ville, parce que les paisans étant plus simples, & par conséquent plus superstitieux que les gens commodes & élevez dans le

grand

grand monde, donnent plus aisément dans la bagatelle, & le desir de savoir l'avenir leur fait tolérer des diseurs de bonne avanture, qui seroient forcez de se cacher ailleurs pour éviter d'être maltraitez. Après avoir rodé quelques jours aux environs de là, nos parens embarassez de deux fardeaux, qui leur paroissoient fort inutiles, se postérent dans une méchante cabane de berger, qui étoit près du grand chemin, aiant attendu que nous fussions endormis, ils se levérent tout doucement, & nous abandonnérent à la merci de ceux qui auroient assez de charité pour nous élever. Le lendemain au matin mon frere, s'étant éveillé aux crix épouvantables que je faisois, appella mille fois mon pere & ma mere, qui n'avoient garde de lui répondre. Il étoit assez accoutumé à se voir seul, mais aiant compassion de moi, & ne pouvant comprendre où ma nourisse, qui étoit celle à qui j'en voulois, restoit si long-temps, il cria pendant une heure de toute sa force, & courut comme un perdu à droit & à gauche, sans pouvoir apprendre de quel côté elle avoit tiré. Enfin deux bonnes femmes bourgeoises & assez commodes, qui avoient du bien à la campagne, & où elles étoient allé donner des ordres à leurs fermiers, s'étant levées de grand matin pour s'en retourner à la ville, passérent casuellement par cet endroit là. Béronice les voiant approcher, se jette à genoux devant elles, & les prie d'avoir pitié de lui & de moi. Quelquesques bonnes intentions qu'elles eussent, elles appréhendoient que des fripons ne se servissent de ce jeune enfant pour les attirer à l'écart, & les faire donner dans le piége, de sorte qu'elles faisoient difficulté de s'approcher de l'endroit où il les vouloit mener, & où en éffet elles m'entendoient crier d'une maniére pitoïable, mais appercevant de loin deux païsans & une femme, qui s'en alloient à l'ouvrage, elles les appellérent, & les priérent d'aller voir avec elles de quoi il étoit question. Comme je ressemblois à ma mere, elles ne furent pas moins charmées de ma beauté, que touchées de ma misére : elles donnérent incontinent ordre à ces gens là de nous retirer chez eux, avec promesse de les récompenser de leur peines, jusques à ce que ceux à qui nous appartenions fussent revenus. Huit jours s'étant écoulez sans que l'on entendît parler de la moindre chose, & ces vilageois craignant que nous ne leur restassions, ce qui les auroit fort embarassez, nous portérent chez ces Dames, qui nous avoient recommandé à eux, & dont l'une étoit femme d'un épicier, & l'autre veuve d'un orfevre. Cette vue les surprît, elles nous croioient alors bien loin, & n'avoient absolument fait leur compte que de donner quelques sous à ceux qu'elles avoient commis à notre garde, de sorte qu'il y eut d'abord de la contestation, non seulement au sujet de la prétention de ces pauvres gens, mais aussi à l'égard des enfans, dont personne ne se vouloit charger. La veuve, qui étoit la plus âgée,

âgée, s'étant mise la première à la raison, dit à l'autre, écoutez, nous avons ici des amis, il n'y a qu'à les employer auprès de Messieurs les Magistrats, ils ne feront sans doute, aucune difficulté de fournir à l'entretien de deux pauvres petites Créatures abandonnées de ceux là mêmes, qui leur ont donné la lumiere, & étant convenues avec ces Païsans, qui se contentérent de peu de chose, pour être délivrez d'un fardeau qui les embarassoit terriblement, elles les congediérent, & ne négligérent rien pour nous faire mettre aux dépens du public, dans un lieu où l'on auroit la charité de nous élever. Tout leur crédit, aussi bien que celui de leurs amis, fut néanmoins inutile: on leur dit fort bien qu'elles devoient nous avoir laissez là où elles nous avoient pris. Ils ajoutérent à cela qu'il étoit connu de toute la terre que les Egyptiens sont de la canaille, la raclure du monde, une race de voleurs, & de fort méchantes gens; que nos parens confirmoient cette vérité par l'action inhumaine qu'ils venoient de commettre à l'égard de leurs propres enfans, qui ne seroient peut être pas meilleurs qu'eux: mais qu'en tout cas, puis qu'elles s'étoient chargées de nous, il n'y avoit point de milieu, il faloit qu'elles nous nourrissent jusques à ce que nous fussions en état de gagner notre vie. Cette sentence, qui étoit selon les Loix, ne laissa pas de leur paroître rude, il n'y avoit pourtant point d'appel, à moins que d'en aller battre les oreilles du Roi, qui n'auroit, selon toutes

tes les apparences, pas même voulu se mêler d'une affaire de cette nature, à cause des conséquences. La veuve, qui n'avoit point d'enfans, me prit, & me fit élever jusqu'à l'âge d'un an, par une nourrisse, après quoi elle me retira dans sa maison. Mon frere resta à l'épicier, qui s'en servit d'abord dans sa boutique. Au commencement on le traitoit assez rudement, & on l'occupoit à des ouvrages qui étoient au-dessus de ses forces. Il faisoit tout avec tant de zèle, si adroitement, & de si bonne grace, que ce marchand en étoit charmé : au bout de six mois il l'aimoit plus que ses propres enfans. L'espérance de tirer avec le temps de cet apprentif des services considérables le fit envoyer à l'école, il apprit à lire en peu de jours, l'écriture ne lui couta non plus aucune peine. Tout ce qu'il voyoit il le faisoit, & outre cela on peut dire que ce qu'il lisoit une seule fois, il étoit capable de le reciter par cœur mot à mot. Son maître, qui s'entretenoit par tout de lui, comme d'une merveille, & qui divertissoit les compagnies de mille avantures différentes, que cet enfant lui juroit avoir vu arriver depuis le berceau à ses Parens, & dont il se souvenoit comme si elles avoient été du jour précédent, fut conseillé de l'envoyer au Collége, où vrai-semblablement il ne manqueroit pas d'aquérir des lumiéres, qui lui feroient plaisir à lui-même, & qui pourroient être la cause de la fortune & de l'élévation de mon frere. Il n'hésita pas un moment sur ce qu'il devoit faire à ce

sujet,

sujet, il le mit incontinent entre les mains d'un régent, auquel il le recommanda, ni plus, ni moins, que s'il avoit été son fils. Cet enfant se fit d'abord distinguer là comme il avoit fait ailleurs : Il apprenoit en jouant, le double de ce que les autres ne se pouvoient imprimer dans l'esprit qu'avec un travail opiniâtre. En suite le jugement lui vint; son génie transcendant trouvoit les matiéres les plus abstruses faciles & intelligibles : en un mot il promettoit tout ce que l'on peut attendre d'une Créature finie, mais raisonnable & intelligente, telle qu'est l'homme. Cependant il ne fut rien de tout cela; à l'âge de quinze ou seize ans, qu'il savoit à fond les langues, l'Histoire, & plusieurs belles sciences, il s'abandonna tout d'un coup au libertinage, & nonobstant les remontrances de son pere adoptif, qui auroit volontiers déboursé jusqu'au dernier sou pour lui faire continuer ses études, il fut assez imprudent pour se joindre à une troupe de ramonneurs Savoyards, & de s'en aller avec eux sans nous dire adieu. Son Maître & sa Maitresse en pensérent devenir fous, ils le cherchérent, ils le reclamérent, & firent des promesses considérables à ceux qui le leur raméneroient : mais il sçut si bien se dérober à leurs poursuites qu'ils ne l'ont plus vû depuis, & j'ignore même qu'ils en ayent jamais entendu parler. Vous pouvez croire que de mon côté je ne fus pas insensible à cette perte, tout jeune que j'étois, je savois fort bien à quel degré il me touchoit, &

s'il avoit été en mon choix, de rester là où j'étois, ou de le suivre, j'aurois sans doute tout abandonné. Mais, Monsieur, interrompis-je, comment étoit il fait. Il m'est impossible de vous le dire, me répondit-il, à l'âge que j'avois, les objets se presentent autrement à nos sens que lors qu'on est grand : il me souvient fort bien que ceux qui m'ont paru des géans étant enfant, sont devenus des pigmées aussi-tôt que j'ai été homme. A en juger par l'idée que j'en ai conservée il doit être, s'il vit encore, d'une taille médiocre, il étoit brun, & avoit le nez un peu aquilin. J'ai vu un Béronice, repris-je, à peu près semblable à celui que vous me dépeignez, qui étoit sans hiperbole, l'un des premiers hommes du monde pour les humanitez, éloquent, habile, agréable dans la conversation, qui n'ignoroit aucune langue, ni vivante, ni morte, & qui étoit aussi ramoneur de cheminées, sans vouloir être autre chose, quelques offres qu'on lui pût faire. Et où l'avez vous connu, me dit le Gouverneur? J'ai été deux ou trois diverses fois dans sa compagnie à Leiden, poursuivis-je, mais il avoit cela qu'il ne demeuroit pas long-temps en un lieu, son inclination, & la profession qu'il exerçoit, pour se satisfaire, ne le lui permettoient pas : il ressembloit au Juif errant, il ne faisoit que circuir la terre. Ce sera donc assurément le même, s'écria le Gouverneur, qu'un Alleman, qui avoit voyagé en Hollande, m'a dit qui s'étoit malheureusement laissé tomber

ber dans l'eau, entre Leiden & Harlem, où on l'avoit trouvé mort peu de jours après. C'est de quoi je ne puis rien dire, repris-je, il faut que cela soit arrivé depuis que je suis sorti de ce Pays là, car autrement j'en aurois sans doute sçu la nouvelle. Mais vous, Monsieur, continuai-je, à quoi vous destina-t-on. Ma patrone, repliqua-t-il, eut pour moi tous les soins imaginables, elle me fit apprendre à bien lire & écrire, je fus ensuite mis au Collége; mais j'avoue que quelques peines que les maîtres se donnassent, je ne faisois aucuns progrès considérables. Je ne valois rien non plus pour un métier, je fus six mois chez un sculpteur, un an avec un graveur; mon dernier apprentissage fut le plus court, je croi qu'il ne dura qu'autour de six semaines; un maître brodeur chez qui l'on m'avoit loué me chassa de sa boutique à grands coups de poing, parce que je ne voulois rien faire. Un Seigneur de Warsovie, nommé Ludoviski, étant venu dans ces entrefaites à Kracovie, on trouva le moyen de me placer dans sa Maison : j'étois alors âgé de treize ans. Comme je n'étois que le garçon d'un de ses premiers domestiques, je n'avois que rarement l'occasion d'approcher de lui. Plus d'un an après, il arriva qu'au retour de la campagne, où il avoit été se divertir chez un Gentil-homme de sa connoissance, comme il ne se trouvoit personne à portée pour le servir, tiens, me dit il, en levant la jambe, pourras-tu me tirer mes bottes. Oüi da, Seigneur, lui répondis-je, je les tire bien à mon maître, qui est une fois plus gros que vous. Ma réponse le fit rire ; là-dessus je me mis après, & je m'en acquitai si bien à sa fantaisie, qu'il me donna cet emploi à perpétuité. En effet, depuis ce jour là il n'auroit pas voulu souffrir qu'un autre eût anticipé sur mes droits, en eût il deû être incommodé. Et ce n'étoit pas seulement en cela que je lui plaisois, les autres, à son dire, n'étoient que de francs lourdauts au prix de moi : je faisois tout, disoit il, de bonne grace, & j'avois un petit air qui charmoit les gens. Aussi me traitoit il fort humainement, & me faisoit bien des douceurs, ausquelles n'avoient part aucuns des autres : cinq ans se passèrent de la sorte. Le Roi qui sçavoit que Ludoviski étoit un des habiles politiques de son Royaume, crut devoir se servir de lui pour aller traiter de quelque affaire d'importance à la Cour de Danemark : il l'honora pour cet effet de la qualité d'Ambassadeur extraordinaire. Etant inséparable de sa personne, il n'eut garde de m'oublier, je fus un des premiers marquez sur la liste de ceux qui devoient l'accompagner en ce voyage. Aussi-tôt que nous fûmes arrivez à Copenhague, il demanda une audience au Roi, qui lui fut incontinent accordée : il en revint tout chagrin, je m'en apperçus le mieux lors que je le vis à table, en ce qu'il étoit pensif & ne mangeoit point, il ne faisoit au monde que boire. Celui qui le servoit s'étant écarté, je crus que je pourrois sans aucun risque faire sa fonction

pour

pour un moment, au cas que cela fût nécessaire. Il arriva en effet que mon maître demanda du vin : comme j'avois vu, ce me sembloit il, qu'on lui en avoit toûjours servi de Pontac, je lui en apportai du même : là-dessus, sans examiner qui étoit celui qui lui presentoit son verre, comment, coquin, me dit il, je te demande du blanc, & tu m'apporte du clairet, je t'apprendrai à écouter ce que je dis, & se servant d'un grand couteau de table, qu'il tenoit à la main simplement pour badiner, il me le déchargea avec tant de fureur sur la tête, que l'ouverture qu'il y fit, donna de l'horreur à tous ceux qui en furent les témoins ; Je tombai de ce rude coup tout étendu à terre, on me releva sans connoissance, & on me mit entre les mains d'un habile Chirurgien François. La plaie étoit dangereuse, j'eus pourtant le bonheur d'en guérir, contre le sentiment de celui là même qui me pansoit. Quand je vis que j'étois hors de danger je m'enfuis, & m'allai cacher chez un Cuisinier, avec qui j'avois fait connoissance : il eut bien assez de complaisance pour me garder dans sa maison jusques à ce que l'Ambassadeur fût parti. D'abord que je sçus qu'il avoit quitté Copenhague, j'employai mon bienfaiteur pour me chercher une autre condition. Son Métier lui donnoit entrée chez tout ce qu'il y avoit d'honnêtes gens dans la ville, ainsi il ne lui fut pas difficile de me contenter : il me mit auprès d'un marchand, où j'étois infiniment mieux que je n'aurois

pu

pu être chez mon propre pere, & qui me donha le nom de mon ancien maître; je le fervois auffi avec beaucoup de zèle & d'affection, & me mêlois de toutes fes affaires. Enfin, je croi que j'avois atteint l'âge de vingt fix ans, lors qu'il furvint un différent confidérable entre lui & fes correfpondans d'Iflande, où il faifoit un affez gros commerce; il s'agiffoit d'un Capital de foixante ou quatrevingt mille écus; il n'y avoit pas moyen qu'ils s'accordaffent de fi loin, leurs comptes étoient embrouillez, il falut pour fe tirer d'affaire, qu'il fe déterminât à y envoyer fon propre fils. Quoi que ce fût un homme confommé dans le négoce, on ne laiffa pas de juger à propos de me joindre à lui, tant pour l'affifter de mes confeils, que pour lui tenir compagnie. Nous n'étions pas encore arrivez ici que nous ne pouvions plus nous fouffrir. Ce jeune homme étoit prompt, fier, orgueilleux: il me traitoit avec beaucoup plus de hauteur que n'avoit jamais fait fon pere; cela ne m'accommodoit point. Nous vînmes pourtant enfemble jufqu'à la maifon du Gouverneur mon prédéceffeur. Ce Seigneur n'avoit qu'un an & demi plus que moi, & je lui reffemblois comme une goute d'eau reffemble à une autre. Auffi-tôt qu'il m'eut vu, & qu'il eut appris que j'étois brouillé avec le fils de mon maître, il me propofa de venir demeurer chez lui, en qualité de fon homme d'affaires. J'acceptai l'offre fans héfiter, & ne dis pas feulement adieu à l'autre.

tre. Dès que je fus dans sa maison il commanda à ses gens d'avoir pour moi des égards tout particuliers, lui-même me traitoit en bien des occasions comme si j'avois été de ses parens, & on lui faisoit plaisir lors qu'on me témoignoit de l'amitié. Cela dura sept ans entiers sans aucune interruption: au bout de ce temps là le bon homme devint malade, & trois semaines après il mourut. Sa femme, qui l'avoit laissé expirer sans témoins, s'en vint me trouver dans ma chambre. Ludoviski, me dit elle, vous savez le temps qu'il y a que vous demeurez chez moi, depuis le moment que vous y êtes entré jusqu'à celui-ci, j'ai eu pour vous, je ne dis pas de l'amitié, de l'inclination, de l'estime, mais une passion véritablement inexprimable: cependant vous savez que je ne vous l'ai jamais témoigné. Je suis honnête femme, c'est un témoignage que je puis me rendre, & dont tout le monde est convaincu; je savois ce que je devois à mon mari, & je n'ignorois pas ce que je me devois à moi-même; je n'ai pas voulu sortir des bornes de la pudeur, & m'exposer à la rigueur des Loix humaines & divines; presentement que ce cher homme n'est plus, je suis libre, & n'ai plus de mésures à tenir com...... Comment, Madame, mon Maître est mort, m'écriai je, en l'interrompant. Tout doucement, reprit elle, il faut ici observer le silence, jusques à ce que je sache votre sentiment; oui, il est mort, il vient de rendre l'esprit entre mes bras, point d'autre que moi
ne

ne le sait, je l'ai caché à tout le monde, & si je vous en confie le secret, ce n'est que dans la vue de vous rendre heureux. Vous voulez me rendre heureux en m'apprenant le décès de l'homme du monde que j'aimois comme moi-même ; assurez vous, Madame, continuai-je, que c'est plutôt le véritable moyen de me faire mourir, ou de me troubler au moins le cerveau ; la perte que je fais en lui est si considérable, que je ne saurois le survivre sans être la plus malheureuse de toutes les Créatures. Vous même, Madame, qui excitez la jalousie parmi tous les Habitans de ce canton, allez devenir l'objet de leurs railleries, & ce sera beaucoup si ceux que vous avez traitez comme de légitimes esclaves, se contentent de vous regarder avec indifférence ou mépris ; vous ne seriez pas la première qu'ils auroient, dans une telle conjoncture, dépouillée de ses biens, & en suite de la vie. Mon Dieu, me dit elle, nous perdons un temps, que nous devrions employer plus utilement pour notre repos : ne m'interrompez plus, je vous en prie, laissez moi achever de parler, & si vous n'approuvez pas mon dessein, il sera alors temps de nous plaindre, & de chercher d'autres expédiens pour prévenir les accidens que vous appréhendez. Encore une fois, je vous aime à la folie depuis l'espace de sept ans, je n'ai pas honte de vous le dire aujourd'hui. Vous êtes à tous égards tellement semblable à feu mon mari, que nos plus familiers amis s'y tromperoient : vous savez outre cela toutes

tes les affaires de la maison, la maniére de gouverner ce peuple ne vous est pas non plus inconnue. Votre maître n'est plus, il n'y a que vous & moi qui le sachions, quelle difficulté y a-t-il que nous le mettions en terre, & que vous teniez le lit en sa place ; au bout de quinze jours ou trois semaines, que vous commencerez à vous montrer, si d'avanture on apperçoit quelque changement en vous, ce que je ne pense pas, il n'y aura aucun danger d'être découvert pour cela, ce sera la maladie qui en aura été la cause, pas un de nos sujets n'entrera seulement dans le soupçon. Tout cela est fort bon, répondis-je, mais moi cependant que serai-je devenu ? Il y a trois jours que le Gouverneur aiant eu du dégoût de votre conduite, continua-t-elle, vous a donné votre congé, & vous partites hier en cachette, pour le port le plus voisin, à dessein de vous servir de la premiére commodité favorable pour vous en retourner chez vous. Le projet étoit trop beau & trop avantageux pour le rejetter, nous l'exécutâmes avec soin, & le plus heureusement du monde. Un an après je fis le voyage de Danemark, où le Roi me fit mille honnêtetez. Un jour qu'il étoit de bonne humeur, & que nous mangions ensemble, je pris occasion de lui faire mon Histoire, sous des noms empruntez, & comme si cela étoit arrivé dans la Grece, il y a deux ou trois mille ans. Il en rit, & me dit que la singularité du fait méritoit que cet homme là succédât à la dignité de son prédécesseur.
Quoi,

Quoi, Sire, vous approuveriez une semblable supercherie, lui dis-je? Oui certes, me répondit il, & je donnerois, qui plus est, la succession à son fils, s'il en avoit un, afin d'en éternifer la mémoire, & de ne point donner sujet à ces gens là de vivre en concubinage l'un avec l'autre, ce qui pourroit attirer la malediction de Dieu sur eux & sur leurs enfans. Hé bien, Sire, lui dis-je à l'oreille, voici l'homme, à qui cela est arrivé, je m'en tiens à votre promesse, aiez la bonté de me confirmer dans la charge que j'ai exercée jusqu'a present, & d'abord que je serai de retour chez moi, je me marierai, afin de ne plus pécher, comme j'ai été forcé de faire jusqu'à cette heure. Le Roi m'accorda incontinent ma demande, & de mon côté je ne manquai pas de m'acquitter des devoirs ausquels je m'étois engagé. Ainsi, mon cher Mefange, vous voyez qu'il ne faut jamais defespérer de son bonheur: je suis, comme je l'ai déja dit, de l'extraction du monde la plus vile, & par un cas fortuit, auquel il n'y avoit aucun lieu de s'attendre, je suis devenu, pour ainsi dire, le Chef d'un peuple qui habite un fort grand Pays. Cela est rare, Seigneur, repris-je, les Histoires font pourtant mention d'avantures à peu près semblables à celle-là, si nous en exceptons les circonstances, qui varient, & sont pour la plupart fort differentes les unes des autres. Un Joseph, un Moïse, un David, se sont élevez du néant au faîte de la grandeur. Il y a eu des Empereurs parmi les Romains,

dont

dont la naissance étoit si obscure, qu'ils n'étoient connus de personne. D'où étoit issu Mahomet, je vous en prie, qui ne savoit même ni lire ni écrire, & qui n'a pas laissé de parvenir au glorieux Empire des Turcs? Qu'étoit ce que de Tamerlan, dont les conquêtes ont surpassé infiniment toutes celles que l'on attribue aux Césars & aux Alexandres? Mais pour n'aller pas si loin, personne n'ignore que Masaniello devint de simple pêcheur qu'il étoit, Vice-Roi de Naples. Jean de Weert, qui a commandé des Armées entieres, étoit fils d'un pauvre cabaretier de village. Et Tromp & de Ruyter, en Hollande, de simples matelots, qu'ils étoient, & issus de la lie du peuple, se sont poussez jusqu'à la dignité d'Admiral des Flotes du monde les plus nombreuses & les plus redoutables. Je pourrois vous en citer d'autres en grand nombre, & vous entretenir des moyens dont plusieurs hommes d'un mérite singulier se sont servis pour se tirer de la poussiére, & parvenir aux premiéres charges de l'Etat; mais voici un exemple qui suppléera à tous les autres, & qui, quoiqu'il ne conduise pas son Héros fort loin, ne laisse pas de me paroître extraordinaire. Je le tiens d'un bon vieillard, nommé Monsieur Farquet, qui en a été le témoin oculaire, à ce que je lui ai oui protester dans une compagnie, où il nous en entretint un jour à Amsterdam. Un Certain Marquis du Blosel, nous dit il, aiant été soupçonné dans Paris, du crime de Leze-Majesté, n'attendit

tendit pas qu'on le faisît pour le mettre à la Baſtille, il ſe ſauva à Genève, où il ſe mit ſous la protection du Magiſtrat. Le Roi de France aiant appris cela, y envoya un Hoqueton pour le reclamer. Du Bloſel, qui avoit des amis, en fut averti ſur le ſoir, qu'il étoit juſtement à un bal, qui ſe tenoit chez un des principaux Habitans de la ville, dans une chambre, qui regardoit ſur le Rhône. Cette nouvelle, qui devoit naturellement le démonter, ne le fit pas ſeulement changer de couleur; il donna froidement ordre à l'un de ſes gens d'aller chercher un batelier, & de lui dire qu'il vint au plutôt ſe poſter ſous les fenêtres de cet appartement, par leſquelles il deſcendroit un homme, qu'il devoit mener de l'autre côté du Lac, ſur les terres du Duc de Savoye, & qui le récompenſeroit généreuſement de ſes peines. Il ordonna outre cela que l'on attachât une corde à la croiſée des fenêtres qui répondoient à cette voiture, & qu'on les laiſſât entr'ouvertes, de maniére pourtant que perſonne ne s'en apperçût. Quand tout fut prêt, le même domeſtique lui donna le ſignal, dont ils étoient convenus; il tenoit alors par la main une Dame avec laquelle il dançoit; lorſqu'il ſe vit là où il devoit être, il s'eſquiva, & ſortit par l'endroit aſſigné, avec tant de promtitude, que perſonne ne ſavoit ce qu'il étoit devenu. Tout cela auroit été le mieux du monde, mais le malheur voulut qu'aiant manqué la corde, il tomba du haut en bas dans la barque, & ſe rompit une jambe. Ce

fâcheux

fâcheux inconvénient n'empêcha pas qu'ils n'exécutassent leur dessein. Aussi-tôt qu'ils eurent passé l'eau, celui que le batelier avoit pris pour lui aider, afin de faire plus de diligence, chargea le Marquis sur ses épaules, & le porta dans un méchant cabaret, qui n'étoit pas fort éloigné de là. Comme il le posoit dans une chaise, & qu'il donnoit des ordres à l'hôte d'aller promtement chercher un Chirurgien. Comment vous appellez vous, lui dit du Blosel, qui étoit charmé de son adresse, & de l'autorité avec laquelle il parloit; & qu'e'le est votre profession? Je m'appelle Esliva, Monsieur, lui répondit il, & je suis porteur de chabon depuis autour de dix ans, que je me mariai à une femme qui avoit des parens, lesquels m'ont procuré ce petit emploi. J'en pourrois vivre si j'étois seul, mais aiant deux enfans, & ma famille étant par conséquent composée de quatre personnes, nous sommes obligez de faire la soupe aussi maigre au carnaval qu'en Carême. Hé bien, interrompit le Marquis, je m'en vais lever un Régiment de Cavalerie en Savoye, si vous voulez entrer dans ma compagnie, & que vous vous comportiez bien, je vous promets d'avoir soin de vous, & de récompenser les services que vous me rendez presentement. Esliva fut ravi de cette offre, il l'accepta avec joye, & d'abord que son Colonel fut guéri, il s'en alla avec lui, à l'insçu de tous ceux qui le connoissoient. Son absence donna lieu à bien des gens d'en gloser: les uns s'imaginoient qu'il s'és'étoit noyé, d'autres prétendoient qu'il avoit abandonné sa femme, pour n'avoir pu tenir ménage avec elle: plusieurs qui le croyoient addonné au sexe, vouloient qu'il se fût enfui avec une fille du Fauxbourg saint Gervais, qui avoit disparu dans le même temps; enfin, chacun en causoit à sa maniére. Vingt deux ans se passérent sans que l'on entendît parler de lui; dans ce temps là on l'avoit tellement oublié que sa femme même ni pensoit plus. Cependant on fut tout étonné de le voir de nouveau paroître, mais dans un état bien différent de celui où il étoit quand il s'en alla. Il commandoit un Régiment de Cuirassiers à Cheval de deux ou trois mille hommes, dans les troupes de l'Empereur, qui étoit alors en guerre avec la Suéde. Esfiva avoit été mis en garnison dans une place située sur le Rhyn, se voyant à portée, il demanda congé pour aller passer trois mois à Genève, sous prétexte qu'il y avoit de pressantes affaires, & assura qu'il se rendroit à son devoir avant que la campagne s'ouvrît. Etant arrivé dans le lieu de sa naissance, il choisit l'écu de France pour son logement; il n'y fut pas plûtôt entré qu'il vit que l'hôte qu'il y avoit connu vivoit encore, il le fit appeller. Fermez la porte, lui dit il, Monsieur tel, en le nommant par son nom, asseyez vous là devant moi, j'ai un mot à vous dire en particulier, & il faut que nous buvions un verre de vin ensemble, il y a long-temps que j'ai souhaité cela; savez vous qui je suis? Non, Monsieur, lui répondit

pondit il, je ne me souviens pas de vous avoir vu de ma vie ; il vient tant de différens visages chez moi, qu'il est impossible qu'ils fassent assez d'impression sur mes sens pour m'en faire conserver l'idée. Il y a de la différence entre un passager & un homme que l'on voit tous les jours, reprit le Colonel, j'ai été cent fois dans votre maison, & vous m'avez donné encore plus de verres de vin à boire : n'avez vous jamais connu un personnage nommé Essiva ? Monsieur, répondit il, nous avons eu ici autrefois un nommé Essiva, qui étoit porte-faix, & par conséquent un homme de néant, je ne sache point en avoir vû d'autre. Hé bien, c'est moi-même, dit l'Officier, c'est moi, qui vous ai apporté mille sacs de charbon en ma vie. A d'autres, Monsieur, repliqua l'hôte, vous voulez rire sans doute, l'appas est trop grossier pour y être pris, on ne me dupe pas à si bon marché, il faut qu'il en coûte davantage. Mon dessein n'est point de badiner avec vous, continua Essiva, ce que je vous dis est la pure vérité, ce n'est pas non plus pour vous faire admirer l'état où je suis maintenant que je me découvre à vous, si je n'avois pas d'autres raisons que celle là, je ne l'aurois jamais fait, de peur que cette découverte ne nuisît à ma fortune, qui n'est pas encore au point où je prétens la pousser ; car encore bien qu'il soit plus honorable à un homme de devoir son élévation à sa vertu qu'à sa naissance, & qu'au fond il n'y ait pas de comparaison entre ce-
lu

lui qui anoblit ſes deſcendans, & celui qui n'a de luſtre que ce qu'il en emprunte de ſes ancêtres, on a ſouvent cette foibleſſe, que l'on conſidére plus un Gentilhomme d'un médiocre mérite, qu'un Roturier qui excelle en bonnes qualitez. Mais, Monſieur, comment puis-je ajouter foi à ce que vous me dites, reprit l'hôte? Vous êtes gros & puiſſant, vous avez le viſage haut en couleur, je vous voi accompagné d'un trompette, d'un valet de chambre, de deux grands laquais à livrées, vous portez un habit tout couvert de galon d'or, & outré cela, ſi je l'oſe dire vous boitez, & vous voulez que je vous prenne pour un homme qui n'avoit aucune de ces qualitez là, & qui étoit de la lie du peuple : quand vous me dévriez aſſommer je ne le croirai jamais que je n'y ſois forcé par des preuves plus convainquantes que celles qui ont paru juſqu'à cette heure. Il eſt vrai, dit alors Eſſiva, que la bonne chére a changé ma taille & mon teint, qu'un coup de mouſquet, qui m'a fracaſſé le genou, m'a mis hors d'état de marcher droit, & que mon train, dont vous voyez ici un petit échantillon, & la dépenſe que je ſuis obligé de faire, n'ont rien de commun avec la figure que fait un pauvre petit Bourgeois, mais je n'en ſuis pas moins Eſſiva pour cela. Monſieur le Marquis du Cloſel, que j'aidai à ſe ſauver ici, pour éviter de tomber entre les mains d'une des Créatures du Roi de France, comme vous devez vous en reſſouvenir, a été cauſe de ce changement.

ment. Mais il n'est pas presentement question de cela, nous nous en entretiendrons une autre fois, je ne suis pas ici pour un jour : je vous prie de me dire ce que ma femme & mes filles font. Ce qu'elles font, Monsieur, répondit l'autre, si tant est qu'elles vous appartiennent, comme je commence à m'en douter, quoi qu'avec le plus grand étonnement du monde, elles sont réduites à la mendicité. Un méchant grenier, ouvert de tous côtez, & où les quatre vents se rassemblent, fait leur demeure; la mere travaille jour & nuit à dévider de la soie, à quoi elle ne gagne pas pour avoir du pain, & les filles menent une vie qui n'est pas fort édifiante. Est il possible interrompit le Colonel, cela est fâcheux, cependant il faut que je les voye; il fait obscur, priez votre femme de se donner elle-même la peine d'aller trouver la mienne, & de l'amener ici, sous prétexte qu'il y a un Officier chez vous, lequel a des baise-mains à lui faire de son mari, qui se porte parfaitement bien, & qui l'a chargé de lui mettre quelques pistoles en main propre. L'Hotesse fut d'abord disposée à faire cet agréable message : elle alla chercher Madame Esliva, mais elle eut bien de la peine à l'amener avec elle, & n'eût été l'espérance de toucher les deniers qu'on lui promettoit, on ne l'auroit jamais tirée d'un endroit, d'où la honte de se faire voir dans le triste équipage où elle étoit, ne lui permettoit de sortir qu'à l'extrémité. Aussi-tôt qu'elle parut. Entrez ma bonne femme, s'écria Effiva, approchez, je vous en prie, j'ai des amitiez à vous faire de votre mari Effiva, il est gaillard & dispos, il se porte mieux que vous, je vous en assure, & il est tellement changé à son avantage, que vous ne le reconnoîtriez pas si vous le voyiez. Cette pauvre honteuse demeuroit cependant à la porte, il falut quasi user de violence pour la faire avancer, & l'obliger à s'asseoir : elle ne savoit quelle contenance tenir, & s'imaginoit fortement que les uns & les autres se moquoient d'elle; dans cette pensée, elle se mit à pleurer. Son mari, qui étoit déja extrêmement ému, ne pouvant pas dissimuler davantage, se jetta à corps perdu sur elle. Comment, misérable, lui dit-il, tu ne reconnois pas ton propre mari : c'est moi, qui suis Effiva, qui t'ai épousée un tel jour, dans une telle Eglise, dont tu as eu tels & tels enfans, & qui t'ai quitée d'une telle maniére. A quoi il ajouta tout bas des circonstances, qu'il n'y avoit qu'eux deux qui les pouvoient savoir. Dieu, qui fait tout pour un bien, l'avoit ainsi ordonné, continua-t-il ; tu es presentement femme d'un homme, qui a rang dans le grand monde. J'ai des revenus considérables de ma charge de Colonel, & j'ai déja amassé dequoi vous nourrir le reste de vos jours, au cas que je vienne à vous manquer. La bonne femme resta long-temps comme extasiée à l'oüie d'un recit si peu attendu, elle ne savoit si c'étoit un songe, une representation, une comédie, il lui étoit impossible d'en trouver

le

le dénouement. Essiva, qui vouloit coucher cette nuit là avec elle, envoya sur le champ acheter du linge neuf, il fit venir de bonnes étoffes simples & précieuses, pour faire au plus vite des habits à ces trois malheureuses, qui n'avoient proprement que des haillons sur le corps, & les accommoda de toutes pieces, de maniére que deux jours après elles n'étoient plus connoissables. Cette rare avanture fit dès le lendemain le sujet des entretiens de tous les habitans de Genêve. Essiva sortit exprès, & fit un grand tour pour se faire voir: il fit ensuite connoissance avec les premiers de la ville, & résolut, à leurs instances, de mettre cinq ou six cents pistoles sur la chambre des blez, où les intérêts sont à huit pour cent, afin que s'il venoit à avoir mal, sa famille trouvât en cela dequoi vivre sans être à charge à personne. Quand son temps fut expiré il s'en alla, au grand regret de ses amis, qui avoient un pressentiment qu'il ne reviendroit jamais. Il fut tué en effet à la premiére rencontre où il se trouva. Cet homme n'étoit pas encore monté jusqu'au plus haut de la roue, cependant on peut dire que la fortune qu'il avoit faite étoit fort considérable, puis qu'il n'avoit quitté le sac qu'à l'âge de trente cinq ans. Vous voyez par là, Seigneur, qu'il y a d'autres exemples d'élévation que le vôtre, quoi qu'il ne laisse pas d'être extraordinaire pour cela, & il l'est tellement même, que je n'en puis rien conclure à mon avantage. Il y a bien de la différence en ce que vous étiez

alors,

alors, & ce que je suis presentement ; vous n'aviez que trente ans, & j'en ai plus de soixante ; il n'y a plus de fortune qui m'attende à cet âge là. Tout ce que je defirerois, avant que de mourir, seroit de m'en retourner en Hollande, où je pourrois gagner ma vie à enseigner des écoliers, parmi des gens où je vivrois avec beaucoup plus d'agrément, que dans ces climats froids, habitez par des personnes, qui n'ont pour la plupart rien d'humain que la figure. Tout ce que j'ai est à votre service, continua le Gouverneur, ma maison, ma bourse, ma table, & mon crédit, vous en pouvez user comme du votre, je vous l'ai dit autrefois, je vous le repete encore aujourd'hui ; autrement il ne tiendra qu'à vous de vous retirer quand vous voudrez, à moins que vous ne vouluffiez passer avec moi en Danemark, j'ai résolu d'aller l'année prochaine voir encore une fois ma patrie : je ne saurois penser à mourir avant cela. C'est bien de l'honneur que vous me faites, Seigneur, lui répondis-je, je vous prens au mot, & vous aurez la bonté de me souffrir chez vous, jusques à ce que vous entrepreniez ce voyage, à condition pourtant que vous me ferez la grace de m'employer pour les affaires de votre maison, en tout ce qui sera de ma portée. Trois quarts d'an après, qui étoit au mois de Juin, mille sept cents deux, nous passâmes en Danemark ; étant là, il me proposa de l'accompagner jusqu'à Varsovie. Les obligations que je lui avois, joint au penchant où je
me

me sentois porté de voir la Pologne, m'empêchérent de le refuser. Je m'étois attendu de voir en la demeure d'un puissant Roi, un séjour beau, bien bâti, & plein de monumens dignes de ma curiosité ; mais je fus fort surpris de ne trouver qu'une misérable villasse, qui n'est pas seulement enceinte de murailles ; il y a des rues entiéres, où il n'y a point de pavé, les maisons y sont éloignées de vingt, de trente, de cinquante pas, plus ou moins, les unes des autres. Les habitans y sont sales & mal propres, jusqu'à faire publiquement leurs ordures devant leurs portes, & aux endroits où leur Souverain passe tous les jours. Toutes ces immondices, aussi bien que le froid âpre qu'il y fait, obligent les gens à y aller presque toujours botez, & à faire devant leurs logis des terrons de trois ou quatre pieds de hauteur, qui sans cela seroient éternellement ensévelis sous la fange. Je n'aurois jamais crû qu'en Europe il y auroit eu des peuples aussi pauvres & aussi malheureux que ceux là le sont. Les païsans y sont stupides & ignorans comme des bêtes ; aussi ne les y traite-t-on, ni mieux, ni pire, que l'on traite les chevaux & les chiens en France, & dans les autres Pays où j'ai été. Leurs Seigneurs, qui sont pour l'ordinaire grands terriens, s'en servent quand bon leur semble, à toutes sortes d'ouyrages ; & lors que le Chef de la famille vient à mourir, ils prennent la moitié de tout ce qu'il laisse : si le mari & la femme meurent ensemble, ils emportent tout, jusqu'à qu'à une écuelle de bois, quand la chaumière seroit pleine de petits enfans, ils ne se soucieroient pas de les mettre sur la paille, & les laisser crever de faim. Ils ne laissent pas avec tout cela, d'être eux mêmes pauvres comme des rats d'Église, parce que les denrées, en quoi consistent leurs principaux revenus, sont à grand marché, & qu'ils aiment la bonne chére. Nous fumes chez plusieurs de ces Gentils-hommes, qui avoient des vingt cinq ou trente domestiques, & qui auroient été bien embarassez s'il leur avoit falu trouver cinquante écus de bon argent. Leurs contants sont ordinairement une petite quantité de plaques de cuivre, d'un, jusqu'à quatre pieds de diamétre, & d'un pouce ou deux d'épaisseur, qui peuvent valoir au plus cinq ducats la piece, suivant leur poids & leur grandeur ; de sorte que lors qu'il s'agit de faire un payement de vingt ou trente écus en de telles espèces, il faut se servir d'hommes forts pour les tirer de dessous la table, où ils les tiennent, & les charger sur une brouette, ou sur un chariot. De-là vient qu'ils ne donnent jamais d'argent à leurs domestiques, ils ne les payent qu'en grains, en fruits, en légumes, & en ce que leur rapportent leurs terres. Une étrange coutume qu'ils ont parmi eux, c'est que lors que l'on veut souper, il y a un serviteur commis pour cela, qui par le moyen d'un grand fouet, qu'il fait claquer cinq ou six fois, appelle tous ses Camarades, qui ne manquent pas de se trouver incontinent au lieu

lieu destiné à prendre leurs repas, aussi-tôt qu'ils ont fait, ce même homme les chasse devant lui, comme un troupeau de moutons, dans une grange, une étable, ou quelque chose de semblable, vingt, trente, quarante, valets & servantes, autant qu'il y en a, où ils se vont coucher pêle mêle sur de la paille, & où lui-même les enferme à la clé, jusqu'au lendemain au matin, qu'il va leur ouvrir la porte, afin que chacun s'en aille à son ouvrage. Pour moi je ne pense pas que ce mélange des deux sexes puisse produire rien de bon, il faut que par là ces jeunes gens s'adonnent entiérement à la débauche, à moins qu'ils ne soient d'une vertu à toute épreuve, ou que les peines que l'on impose aux coupables aient quelque chose de si terrible, que la crainte de les subir soit seule capable de les tenir dans le devoir. Un autre abus considérable des Polonois est que dans tous les villages où il y a une Eglise, il y a auprès un cabaret, qu'ils appellent, l'une le Paradis, l'autre l'Enfer. Cette gargote appartient toûjours au Curé, qui a soin lui-même de l'achalander autant qu'il lui est possible: aussi puis-je dire en homme d'honneur, pour l'avoir vû plusieurs fois de mes propres yeux, que ces misérables paisans, qui sont d'ailleurs Idolâtres de leurs prêtres, & dévots jusqu'à la superstition, ne manquent presque jamais, à l'issue de la messe, d'entrer dans ce lieu de débauce, & de s'enivrer comme des bêtes, ou d'hidromel, ou d'eau de vie de grain, qui

font

font leurs boiffons favorites, les autres étant trop foibles ou trop précieufes. Les Eccléfiaftiques ont une domination defpotique fur leurs ames, comme les Nobles fur leurs corps : les premiers les damnent, ou les fauvent, felon que bon leur femble, les autres les laiffent vivre, ou les affomment quand il leur plaît. Lors qu'ils en ont tué un, ils n'ont qu'à mettre un demi écu fur fon corps pour le faire enterrer, & dire au plus une meffe, il en eft quitte pour cela, & on n'en parle non plus que fi fa mere ne l'avoit jamais mis au monde. Comme ils font pauvres à faire pitié, ils font obligez à être extrêmement laborieux, & il femble que la néceffité leur donne de l'induftrie; auffi font ils de leurs propres mains prefque tout ce qui leur fert dans leur maifon, & dont la plupart eft de bois; plats, affietes, cuilléres, écuelles, chaifes, bancs, armoires, coffres, lits, rateliers, portes, fenêtres &c. les Charpentiers ne voient pas un fou de leur argent. Mais une chofe qui au commencement me ravit en admiration, fut de voir fortir un bucheron & fon garçon, avec un grand chariot chargé de bois, d'une forêt, où ils étoient entrez deux heures auparavant, avec leurs feuls chevaux, & tenant chacun une cognée à la main. Ils commencent d'abord par couper de groffes branches de frêne, ou de quelque bois femblable, qu'ils plient en rond comme un cercle, & dont ils joignent & attachent les bouts enfemble par le moyen de quelques chevilles de la même étoffe,

étoffe, & de l'écorce qu'ils ont emportée de dessus. Le moyeu & les rais font prêts dans un moment; quand les roues font faites, ils passent des essieux au travers, & les fixent à telle distance les unes des autres qu'il leur plaît, à l'aide de deux échelles, qu'ils attachent des deux côtez sur les axes. A tout cela il n'entre, ni cordes, ni cloux, ni ferraille aucune. Lors que cette machine est chargée de bois, ils font un attirail de même, mettent leurs bêtes devant, & la menent au marché, à une, deux, ou trois lieues de là, & l'aiant vendue avec tout ce qu'il y a dessus, ils s'en retournent chez eux avec leurs rosses, & une quinzaine de sous, plus ou moins. Nous restâmes dans ce Pays là autour de six semaines, de là nous passâmes en Brandenbourg, où les affaires commençoient à aller un tant soit peu mieux, par rapport aux villageois, qui ne sont pas tout à fait si esclaves qu'en Pologne; ce qu'ils ont de commun, quoi que de différentes Religions, c'est qu'ils sont également infatuez de l'opinion que leur Pays est rempli de sorciers, & dans cette pensée, ils sacrifient à leur ignorance un nombre infini de malheureux, qui sont, ni plus, ni moins criminels que moi. Aussi-tôt que quelques vaches ou cavales avortent, que les brebis meurent, ou que les poules ne veulent point pondre, c'est le diable qui en est cause; il faut faire une recherche exacte du maudit instrument dont cet ennemi du genre humain se sert pour exercer sa malice infernale sur les hommes. Si

un misérable païsan a seulement un envieux, qui ait tant soit peu de crédit, il ne manque point d'être accusé comme coupable, là-dessus on s'en saisit, on le met à la question, & on le tourmente tant, qu'à la fin il est contraint de s'attribuer lui-même mille faits, ausquels il n'a jamais pensé, pour se dérober d'autant plutôt à la rage de ses bourreaux. Nous nous trouvâmes un jour en compagnie d'un Lieutenant Colonel, qui nous assura qu'il avoit connu un scélérat de Grand-Baillif, qui enrageoit de ce qu'étant sur le bord de sa fosse, il n'avoit fait brûler que quatre vingts dixneuf sorciers ; il appréhendoit de mourir avant que de s'être chauffé au feu du centiéme. J'ai servi en Hollande, continua-t-il, mais je n'ai point remarqué que le monde y soit infatué d'une si sotte opinion. Il est vrai pourtant, qu'étant en garnison à Grave, il y a quelques années, une pauvre femme fut accusée de sortilége, dans un trou, nommé Borkelo, au voisinage du Pays de Munster, avec lequel elle sympathise encore par rapport à bien des erreurs ; ceux qui la vouloient perdre étoient en si grand nombre, & les preuves qu'ils alléguoient de plusieurs faits pernicieux, qu'on lui imposoit, paroissoient si vrai-semblables au public, qu'on ne put pas se dispenser de l'emprisonner. Le Juge, étant embarassé de ce qu'il en feroit, & ne voulant pas néanmoins la faire appliquer à la torture, de peur que les tourmens ne lui en fissent dire plus qu'il n'en étoit, dit que suivant la Loi, qu'on
pré-

prétend que l'Empereur Charle-quint a inventée à ce sujet, on lui attacheroit les pouces aux gros orteils, & qu'on la jetteroit toute nue dans la riviére, pour voir ce qu'il en arriveroit. Le malheur voulut, contre le sentiment du Législateur, du Juge, & de la constitution ordinaire des hommes, qui est d'enfoncer incontinent, parce qu'un corps humain pese ordinairement plus qu'un pareil volume d'eau, le malheur voulut, dis-je, que cette innocente flottât. Là-dessus chacun se mit à faire des huées épouvantables, & à ramasser des pierres pour la lapider, de peur qu'elle ne souillât la terre de ses pieds, si on permettoit qu'elle marchât dessus : de sorte qu'on eut toutes les peines du monde à appaiser la multitude, & encore n'en vint on à bout qu'en lui remontrant que le crime étant atroce, il méritoit un plus rude châtiment que n'étoit celui auquel on vouloit se borner : outre qu'il étoit nécessaire que la justice eût son cours, & que tout se fît avec ordre. La femme fut remenée au cachot, d'où on l'avoit tirée ; on la tint là encore quelque temps, & enfin on la fit évader la nuit par la porte du lieu de sa détention, qu'on assura qu'elle avoit forcée. Ce qui fait voir, ajouta cet Officier, qu'encore que quelques petits particuliers soient assez simples pour croire qu'il y a des sorciers, les Magistrats, & les personnes éclairées de ces contrées là n'y ajoutent nullement foi. Enfin nous traversâmes la Saxe, & nous rendîmes à Brême, où Ludoviski avoit des affaires. Là nous nous dîmes adieu, d'une manière qui témoignoit assez son affection & ma juste reconnoissance. En me quittant il me mit encore vingt ducats de bon or en main, & me souhaita bonheur, & longue vie. Pendant les sept ou huit jours que je restai là pour me reposer des fatigues d'un si long & si pénible voyage, il y arriva un malheur qui me parut fort singulier à tous égards, & auquel je ne saurois refuser ici une place. Nous étions à table & nous avions presque soupé, lors qu'un marchand François, nommé la Vigne, entra tout essoufflé. Je n'en puis plus, nous dit il, assurément Messieurs, je viens d'être témoin d'une action la plus tragique dont j'aie ouï parler de ma vie. J'avois des affaires avec un bourgeois de cette ville, après les avoir vuidées, nous n'avons pas voulu nous quitter sans avoir bû bouteille ensemble : il m'a mené à l'Ange, où il prétend que vont les meilleurs gourmets. La chambre où nous sommes entrez étoit pleine de monde ; il y avoit entr'autres, un vénérable vieillard, que l'on n'appelloit point autrement que Monsieur le Baillif ; qui causoit comme une pie borgne, & divertissoit tous ceux qui l'écoutoient. Il étoit dans cette auberge depuis trois jours, & n'avoit point cessé de se procurer du plaisir, sous prétexte que les affaires qu'il avoit à expédier, & pour lesquelles il étoit venu à Brême, ne pressoient pas. La présence de ce bon homme arrêtoit tous ceux qui venoient là, sans lui nous en serions sortis deux heures auparavant. Comme nous étions en train de rire, & que chacun tâchoit de fournir à la conversation, un autre homme, d'un âge décrépit, est entré, qui a attiré les regards de tout ce qu'il y avoit là d'assistans, à cause de sa taille gigantesque, & parce qu'il étoit gris comme un pigeon. Il s'est fait donner une chopine de vin, & a pris place parmi les autres. Dès que le Baillif l'a vu assis, il s'est allé mettre auprès de lui, afin de pouvoir parler du vieux temps avec une personne qui devoit en avoir plus vu que les autres. Vous êtes chargé du poids de bien des années, mon cher ami, lui a-t-il dit, vous me ressemblez, vous vous souvenez sans doute de loin; d'où êtes vous, s'il vous plaît? J'ai soixante & dixhuit ans, a répondu l'inconnu, & je demeure à Berlin depuis un demi-siécle. Nous sommes environ d'un même âge a repris le Baillif. Il faut donc, ai-je dit, Messieurs, que vous soiez d'une constitution bien différente; vous vous portez bien l'un & l'autre, on ne vous donneroit jamais le temps que vous avez; mais il est seur que Monsieur le Baillif paroît au moins d'un quart plus jeune, & je parie que je suis beaucoup plus cassé que lui. Cassé ou non, dit le Brandebourgeois, je suis robuste, sain, & de bon appétit, pour vous en donner une preuve convaincante: Monsieur l'Hôte, s'est il écrié, n'avez vous pas quelque morceau de viande froide, dont je puisse faire mon soupé. On lui a apporté té un reste de jambon, avec du beure & du fromage. En mangeant il continuoit de s'entretenir avec le Baillif, qui desiroit de savoir son nom, on eût dit qu'il étoit de son intérêt de le connoître à fond. Sa curiosité est allée si loin qu'il a appris que celui à qui il parloit étoit fils d'un homme, qui avoit été ennémi juré de son pere. Comment, a dit là-dessus le Brandebourgeois, votre pere étoit Baillif de Renhaus? le mien m'a fait promettre à sa mort de venger le tort qu'il lui a fait, sur lui ou sur ses enfans, il faut... Et en prononçant ces mots, il a allongé le bras, & a coupé la gorge au Baillif, d'un grand couteau dont il se servoit à couper les morceaux. L'autre cependant, aux mouvemens qu'il lui voyoit faire, s'étoit saisi d'un pot d'étaim, qui étoit devant lui, & au moment qu'il a vu lever la main à sa partie, il a aussi levé la sienne, de maniére que dans le même temps que le premier agissoit, il lui a déchargé un si furieux coup de ce pot sur la tête, à l'endroit de la Temple, qu'il là jetté roide mort par terre: le Baillif à rendu aussi l'esprit un moment après. Là-dessus j'ai gagné la porte en tremblant, & je vous jure que j'en suis encore si ému que je ne saurois revenir à moi. Grand Dieu, s'écria la maitresse du logis, qui étoit accourue auprès de nous pour entendre le récit de cette funeste avanture, se peut il que des gens bien sensez aient si peu d'empire sur leurs passions qu'ils songent à se venger au

bord

bord du sepulcre ? La vengeance est un bien, qui n'a point son pareil, ma bonne Dame, dit un Capitaine de navire, qui étoit aussi des nôtres : c'est un proverbe qui est de tous les lieux, & de tous les temps ; l'Italie sur tout en fournit souvent des exemples épouvantables. Il n'y a rien de plus ordinaire que de voir un scélérat poignarder un innocent, sous prétexte que l'un de ses ancêtres aura outragé un de ses aïeux : leur haine passe de pere en fils, jusques à ce que la race en soit éteinte, ils n'oublient ni ne pardonnent jamais. Quoi que cela soit plus rare en ces quartiers, où le monde est beaucoup moins vindicatif, nous venons pourtant de le voir arriver en ces deux vieillards, & je me souviens d'un fait à peu près semblable, dont je croi vous devoir faire part, puis qu'il vient ici fort à propos, & qu'il mérite votre attention. Vous vous souvenez tous, continua-t-il, de la glorieuse entreprise de Guillaume troisiéme, Prince d'Orange, sur les Iles Britanniqes, en mille six cents quatrevingt huit. Messieurs les Etats lui fournirent pour cet effet une flotte nombreuse & formidable : j'étois de cette expédition. Nous avions dans le Vaisseau, où je faisois l'office de pilote, un Général Allemand, nommé le Comte de Solms. Comme il étoit assez familier, & que causant avec d'autres Messieurs, qui n'étoient pas éloignez de moi, la conversation étoit insensiblement tombée sur le même sujet dont nous nous entretenons, il ne se peut rien de
plus

plus extraordinaire, dît ce Héros, que ce qui arriva un jour à mon propre Pere. Deux Princes Allemans avoient quelque différend ensemble, l'Empereur se mêla de leur accommodement, mais l'un deux faisant trop le difficile, il envoya du secours à l'autre, & entr'autres deux beaux régimens de Cavalerie. Le plus ancien des Colonels qui les commandoient, dirigea tellement sa marche, qu'il vint loger un soir avec son monde dans le Bourg où nous demeurions. Mon Pére, qui étoit fort généreux, & qui savoit d'avance que ces gens-là devoient venir, avoit fait préparer un très beau souper, auquel il invita tous les Officiers de ces deux corps. On plaça Monsieur le Commandant au haut bout de la table. Le premier verre de vin qui se but fut à sa santé, quand la ronde fut faite, au lieu de remercier la compagnie. C'est vous, dît il à mon Pere, Monsieur le Comte, qui avez introduit cette santé, & c'est aussi à votre seule considération que je ne la boirai pas, & en même temps il jetta le verre à terre, qui fut cassé en mille pieces. Que veut dire cela, dît mon Pere; vous avez l'audace de m'affronter dans ma propre maison ? c'est la premiére fois que jamais personne s'est avisé de me faire une telle avanie : qui que vous soiez je ne le souffrirai pas, ou vous m'en direz la cause. Je suis honnête homme, répondit le Colonel, & je vous donnerai telle satisfaction que vous prétendrez, mais non pas à
cette

heure : mangeons pendant que les viandes sont chaudes, buvons sans parler de votre santé ni de la mienne, puis que je n'y répondrai point, aussi-tôt que nous aurons achevé de souper je vous conterai mes raisons. Non, dît mon Pere, il ne me sera jamais reproché d'avoir fait tranquillement un repas avec un homme qui me traite d'une maniére si injurieuse, & infiniment au dessous de ma qualité, il me seroit impossible d'avaler mes morceaux : dites moi premiérement ce que vous avez sur le cœur, ce que je vous ai fait, ou d'où provient cette saillie, & alors je vous promets, tort ou non, de me contenir pour ce soir, & de me divertir avec vous tout comme vous le desirerez. Après bien des contestations il falut pourtant se lever ; aussi-tôt qu'ils furent entrez dans un autre appartement. Vous souvenez vous, Monsieur le Comte, dit le Colonel, d'avoir eu à votre service, il y a autour de trente ans, un bûcheron, qui avoit nom Daniel ? Non, répondit mon Pere, je change si souvent de domestiques, j'en ai un si grand nombre, & il y a si long-temps de ce que vous parlez, qu'il n'est pas surprenant que j'aie oublié cela : mais en tout cas, continua-t-il, que fait cette circonstance à notre différent ? Beaucoup, reprit le Colonel, c'en est la partie la plus essentielle : faites y un peu d'attention, je vous en supplie ; vous aviez alors un tel Maître d'Hôtel, tels pages, tels valets : c'étoit dans le temps que telles & telles choses vous arrivérent

rent. Je commence à en avoir quelque idée, dit le Comte, ce Daniel, si je ne me trompe, étoit fils d'un de mes fermiers, un garçon assez bien fait, qui ne manquoit pas d'esprit, mais qui en faisoit un si méchant usage, que je le chassai de chez moi, pour avoir fait plusieurs friponneries. Ses parens n'ont pas entendu parler de lui depuis ; les pauvres gens.... Hé bien, Monsieur, interrompit l'Officier, c'est moi, qui suis ce bûcheron. Comment c'est vous, reprit mon pere, vous voulez rire apparemment ? je vous prie, parlons en gens de bon sens, venons au but, & ne nous amusons point à nous conter des balivernes. Ce que je vous dis, Monsieur, poursuivit le Colonel, est à la lettre, je suis ce Daniel, qui ai demeuré quatre ans & demi chez vous, qui vous ai servi fidellement, qui veillois continuellement sur les actions de mes Camarades, & qui aiant par là excité leur jalousie, & attiré leur mortelle haine, m'accusérent de tant d'énormes faits auprès de vous, qu'après m'avoir fait rouer de coups de bâton, vous me commandâtes de sortir sur le champ de votre maison, & de n'y rentrer de ma vie. Ces maniéres d'agir étoient injustes, j'étois innocent, & vous m'avez traité comme coupable : je n'étois pas alors plus insensible que je le suis presentement ; mais je ne me pouvois venger qu'en vous assassinant. Au lieu d'en venir à cette extrêmité, à laquelle je me sentis porté plusieurs fois, j'ai mal mieux abandonner ma patrie, & dire un éternel
adieu

adieu à tous mes amis. J'entrai dans le service, où j'ai été assez heureux pour parvenir jusqu'à un degré, qui me permet de vous demander satisfaction de l'injure que vous m'avez faite, & je prétens que vous me la donniez demain au matin avant mon départ. Mon pere eut beau lui remontrer, continua le Comte, qu'il n'y avoit point de proportion entre le maître & le valet, entre une personne comme il étoit, & un misérable fendeur de bois ; que même, suivant son propre aveu, il avoit été abusé par les témoignages de ses envieux, dont la multitude sembloit mériter quelque croyance ; & qu'outre cela il sieoit mal à un Officier de son mérite de vouloir venger le tort, qu'il prétendoit que l'on avoit fait à un simple valet ; il n'y eut pas moyen de l'appaiser. Il soutenoit hautement qu'un supérieur Chrétien, quelque grand qu'il soit, ne doit jamais traiter ses inférieurs en esclaves, ni les châtier sans les avoir entendus, & convaincus d'avoir commis les fautes qu'on leur impute ; il falut, malgré que mon pere en eût, lui promettre de se battre avec lui à son lever. Là-dessus ils allérent rejoindre les autres, & comme si de rien n'étoit, il passérent le reste de la soirée dans une formelle débauche. Le lendemain le Colonel se trouva au rendez-vous au moment qui avoit été fixé pour le combat ; il y resta une heure entière dans la plus grande impatience du monde, sans que le Comte parût. Un Capitaine, s'imaginant que mon pere n'osoit sortir, ou qu'il avoit dessein d'affron-

d'affronter son Commandant, s'offrit à lui aller faire des reproches de sa négligence; on le lui permit. Le valet auquel il s'addressa pour savoir la cause d'un retardement qui leur donnoit si fort la gêne, lui dît que son maître dormoit encore, & qu'il n'osoit l'approcher qu'il ne sonnât. J'irai bien à lui, moi, reprit l'Officier, & s'étant fait montrer la porte de sa chambre, il entre, en faisant un tintamare enragé ; il crie, il jure, il tempête : mon Pere s'eveille à ce bruit. Qui est ce, qui est assez hardi pour venir troubler mon repos, dit il d'une voix menaçante, ne sauroit on attendre que mon somme soit achevé ? Non, répondit le Capitaine, mon Colonel s'impatiente de vous voir, nos deux régimens sont sous les armes, il veut terminer le différent que vous avez avec lui avant que de les faire partir ; voulez vous retarder sa marche ? ne savez vous pas ce que vous lui avez promis ? Assurément, reprit mon Pere ; mais j'avois pris tant de vin hier au soir, afin d'animer mes hôtes par un bon exemple, & j'ai dormi d'un si profond sommeil depuis, que je n'ai pas été en état de plus songer à cette affaire : attendez, je vous en prie, je serai prêt dans un moment. Là-dessus il appelle, il se fait habiller, & commande qu'on lui apporte ses meilleurs pistolets, afin de les charger lui-même à sa fantaisie. On avoit beau agir, tout cela ne se faisoit pas avec autant de promptitude que l'auroit souhaité le Capitaine, qui ne cessoit de crier qu'on se hâtât. Enfin il en fit tant
que

que mon Pere l'envoya tout net promener, & lui fit comprendre que si ce n'avoit été en considération de son Commandant, il lui auroit fait sauter les degrez. A ces mots ils s'échauffent de part d'autre, ils en viennent aux grosses paroles, & en sortant la conclusion fut qu'il faloit commencer la dance par eux deux. Au premier coup que mon Pere tira, il ne manqua pas de lui faire faire la culbute. De là il courut trouver le Colonel, qui lui fit d'honnêtes reproches de ce qu'il l'avoit fait attendre deux heures au moins. J'en suis fâché, dît mon Pere, je dormois; mais je suis encore plus mari de ce que vous m'avez envoyé éveiller par un brutal d'Officier, qui m'a poussé à bout, des paroles nous en sommes venus aux coups, & j'ai eu le malheur de lui casser la tête. Comment, Monsieur, reprit le Colonel, vous avez tué ce jeune Cavalier ? cela est fâcheux : le Ciel courroucé de notre procédé, demandoit apparemment une victime, peut-être est il appaisé par le sang de celle là, mais appaisé ou non, pour moi je ne le suis pas ; il faut nous mêmes vuider notre querelle ; voions quel en sera le sort ? Après s'être éloignez de deux ou trois cents pas, ils tournérent face, & s'en vinrent l'un à l'autre au galop. Le Colonel tira le premier, & perça le bord du chapeau de mon Pere, qui de son côté coupa la bride de son cheval, il s'en apperçut incontinent, en ce que cet animal étant fougueux, il lui étoit impossible de le gouverner, de sorte que sans perdre de temps,

temps, il court à lui, lui met le bout de son autre piſtolet à l'oreille. Votre vie eſt entre mes mains, lui dît il, je pourrois vous l'ôter ſans aucune difficulté, mais à Dieu ne plaiſe que je vouluſſe profiter de mon avantage dans une ſemblable conjonêture ; je ſuis votre ami ; ſi vous voulez m'obliger qu'il ne ſoit jamais plus parlé du différent qu'il y a eu entre nous. Cette générofité creva d'honnêteté le cœur du Colonel, ils s'embraſſérent comme s'ils avoient été Frères, & pleurérent de joye l'un & l'autre, de ce que la Providence avoit ſi bien dirigé toutes choſes à leur avantage, qu'ils ne s'étoient pas ſeulement touchez. Ils ſe firent beaucoup de proteſtations d'amitié ; mais je doute qu'ils ſe ſoient jamais vus depuis. Hé bien, que dites vous de cette hiſtoire, continua le Capitaine de navire. Elle eſt remarquable à tous égards, répondis-je, & comme vous l'avez bien dit, je la trouve en effet digne d'être racontée. Je voudrois de même que quelqu'un nous aprît la véritable cauſe de la haine implacable qu'il y avoit entre les Peres de ces deux infortunez, qui viennent ſi miſérablement de ſe maſſacrer. Je puis en partie vous ſatisfaire, interrompit l'hôte, parce que cela fit beaucoup de bruit en ſon temps, & qu'on ne s'entretenoit d'autre choſe. Le Pere de celui qui paſſe ici pour Brandebourgeois, demeuroit alors en cette ville, il étoit corroyeur de ſon métier, & marchand de cuirs : au lieu que celui-ci étoit devenu Maquignon
à Ber-

à Berlin. Un de ses Frères, qui étoit vieux garçon, & dont il étoit le seul héritier, étant venu à mourir, il trouva parmi ses effets une obligation de mille écus, à la charge du Baillif de Renhaus, Pere de celui qui vient d'avoir la gorge coupée. Aiant besoin d'argent pour augmenter son négoce, & sachant d'autre part que son débiteur avoit la réputation de n'être pas trop bien dans ses affaires, il s'en alla le trouver, & lui dit qu'il vouloit ravoir ses deniers, qu'il le prioit de tenir près pour quand l'année seroit expirée. Fort bien, repliqua le Baillif, venez vous en ici dans un tel temps, & je vous les conterai. Etant revenu à point nommé. Où est votre obligation lui demanda le Juge ? donnez la moi, que je la voye. Il la vire & tourne, il la regarde, il la lit ; enfin un domestique qui avoit le mot, lui étant venu parler à l'oreille. Est il possible, s'écria-t-il, tenez dit il au Marchand, voila votre écrit, en le lui rendant fermé, il me survient là une affaire, dont l'exécution ne souffre point de délai, nous examinerons une autre fois les choses à loisir : revenez dans huit jours, s'il vous plaît, je serai immancablement à la maison. Au second voyage que le Marchand fit, il donna ordre de lui dire qu'il avoit visité ses papiers, où il se trouvoit que l'obligation, dont il prétendoit le paiement, avoit été acquitée, & qu'ainsi il n'avoit rien à démêler avec lui. Qui fut étonné, ce fut notre homme ; au lieu de consulter quelque Procureur, il fait assigner sa

partie

Partie à comparoître au plutôt devant ses Juges competens. Le Président les écoute, & demande à voir l'obligation ; il n'eut pas plutôt jetté les yeux dessus, qu'il la lui rendit avec dédain Allez, mal-avisé que vous êtes, dit il au Conroyeur, il faut que vous soyez bien hardi, ou bien ignorant, d'oser produire devant un tribunal, comme celui-ci, des pieces fausses, où il ni a ni nom ni date, pour attraper à un honnête homme une somme de deux mille cinq cents francs ; vous mériteriez que l'on vous traitât d'une autre maniére. Le pauvre homme ne savoit ce que cela vouloit dire, il sortit tout interdit, & trouva à sa honte que le fripon de Baillif, s'étant sans doute mouillé les pouces, avoit effacé le seign, & le plus essentiel de l'obligation, lors qu'il la lui avoit portée, & que l'autre l'avoit tenuë & maniée assez long-temps en sa présence. Cette action détestable aigrit si fort le Marchand, tant par rapport à la perte qu'il faisoit, qu'à cause que bien des gens s'imaginoient qu'il n'y alloit pas de bonne foi, qu'il fit entre quatre yeux, de rudes menaces au Baillif, & jura de le tuer la premiére fois qu'il le rencontreroit seul hors de la ville. Il mourut sans se pouvoir contenter, mais avec cette précaution qu'au lit de la mort, il fit actuellement promettre à son fils de se venger de cette injure, sur lui, ou sur ses enfans, lors qu'il en trouveroit l'occasion. Le fils à tenu parole à ce vindicatif, mais comme nous voions, il lui en a coûté la vie. Comme j'appréhendois
de

de faire de la dépense en voyageant, je cherchois par toût quelque commodité favorable & à bon marché pour me mener du côté des Pays-bas : une personne entr'autres, qui savoit cela me parla d'un Mâquignon, qui devoit partir le lendemain pour Minden, avec plusieurs chevaux, dont il ne tiendroit qu'à moi de me servir pour une bagatelle. L'occasion étoit trop avantageuse pour la négliger, je sortis d'abord pour aller trouver ce Marchand, & voir s'il y auroit moyen de m'accommoder avec lui. Il pleuvoit alors légérement, mais en chemin faisant, je fus pris d'une si prodigieuse ondée, qu'elle m'obligea de m'arrêter sous un auvent, jusques à ce qu'elle passât, sous peine d'être persé jusqu'aux os. Vis à vis de l'endroit, où je m'étois planté, il y avoit une assez belle maison, avec une porte brisée, dont la partie supérieure étant ouverte donnoit lieu au maître, couvert d'une robe de satin violet, & aiant un beau bonnet de velours noir à la tête, de me regarder de pié en cap. Que faites vous là debout, mon ami, me dit il, venez ici, entrez, & asséiez vous, j'appréhende que la pluie ne continue, vous pourriez bien être forcé de rester là encore long-temps. La rue n'étoit pas des plus larges, je l'entendois fort distinctement, ainsi je lui fis la révérence, & le remerciai de sa civilité. Cela ne le contenta pas, il falut que j'entrasse même dans l'Antichambre, où il me fit prendre place auprès de lui. Dès que je fus assis, vous êtes François, me dit il, si je ne me trompe, on l'entend à votre prononciation. Cela est vrai, lui répondis-je, je suis de Viviers. Vous êtes de Viviers, continua-t-il, avec des marques d'étonnement ; comment vous appellez vous donc, s'il vous plaît ? Je m'appelle Pierre de Méfange, lui dis-je. Autrefois Cordelier, reprit il ? Justement, poursuivis-je ; d'où savez vous cela, je vous prie ? Je le sai par un endroit, que je n'ose presque vous dire, repliqua-t-il ; ne me reconnoissez vous pas ? Jaques Surcel a-t-il tellement changé qu'il n'y ait plus de traits dans son visage capables de vous en donner une idée ? A ces mots, je changeai de couleur, les maux que j'avois soufferts, & dont il avoit été la cause, me revenant dans l'esprit, me le faisoient regarder avec indignation ; j'aurois souhaité de tout mon cœur de n'avoir pas eu une si lugubre rencontre. Il s'aperçut de mon trouble. Vous êtes altéré me dit il, au nom de Dieu, oublions le passé ; la Providence, qui gouverne toutes choses, a voulu pour le bien de mon ame & de mon corps, que je privasse, malheureusement & sans dessein de la vie un innocent que la seule curiosité avoit porté à connoître l'auteur des apparitions, dont vous lui aviez sans doute fait confidence. Je vois bien à l'état où vous êtes, que ç'a été au contraire pour votre malheur, mais consolez vous de ce que je suis presentement en état de vous rendre heureux pour le reste de vos jours : je vous jure, si vous le voulez, que je partagerai avec vous jusqu'à mon dernier

nier fou. Là-dessus il fit venir une bouteille de vin, & quoi que je pusse dire, il falut, moitié de gré, moitié de force, que je lui aidasse à la vuider. Dans ces entrefaites je repris un peu mes esprits & un reste de desir de vengeance faisant place à la curiosité qui me prit de savoir la cause du changement que je remarquois dans un homme issu de la lie du peuple, est il possible, lui dis-je alors, que ce soit vous, Monsieur Surcel; par quel cas fortuit êtes vous venu dans ce Pays, & de quels moiens vous êtes vous servi pour vous établir comme vous le paroissez: racontez moi cela, je vous en prie, mais remontons jusqu'à la source, & apprenez moi ce que vous devîntes, après nous avoir laissez au convent, sous prétexte d'aller chercher des remédes pour notre ami agonisant? Je m'en allai droit à la maison de maître Jean le Cordonnier, reprit il, qui étoit comme vous savez, une de mes anciennes connoissances, & chez qui j'avois même travaillé dans ma jeunesse. A peine y avois-je été une heure, que l'on m'y vint chercher, par ordre du Superieur, qui me faisoit dire que je n'avois qu'à revenir sans remédes, qu'on n'en avoit plus besoin, & que tout alloit le mieux du monde. Je me fiai à sa parole, parce qu'il m'avoit toûjours montré beaucoup d'amitié, je revins, mais je ne fus pas plutôt rentré que je reconnus qu'on m'avoit trompé par ce stratagême, le blessé avoit rendu l'esprit; on me renferma aussi-tôt, & le lendemain je fus examiné à la rigueur. Bien loin de biaiser, je racontai la chose ingénûment comme elle s'étoit passée. Si cela est vrai, me dit on, comme il paroît assez vrai-semblable, vous n'avez point eu de querelle avec le défunt, ce n'est point par animosité que vous l'avez tué, c'est l'effet d'un destin rigoureux, qui s'est voulu servir de votre main, comme d'un instrument de l'ire de Dieu, pour ôter la vie à un saint homme, qui ne l'avoit point mérité : cependant quoi qu'il n'y ait point eu de malice dans votre fait, vous ne laissez pas d'être coupable, & digne de châtiment. Il ne faut pourtant point que cela éclate, à cause des conséquences, ainsi vous pouvez conter que vous ne serez point livré au bras seculier, mais afin de ne point attirer l'ire du Seigneur sur notre Société, on vous condamne à six semaines de pénitence, laquelle consistera à vivre pendant ce temps là de pain & d'eau, & à vous flageller vous même, en presence de trois Moines, six vendredis de suite, jusques à ce que le sang vous ruisselle du corps. J'eus beau vouloir plaider ma cause, il falut subir ce châtiment là, si je voulois rentrer en grace. Je jeunai, comme il m'avoit été ordonné, & je me fouétai deux fois, mais il me fut impossible d'attendre jusqu'à la troisiéme : une macération de cette nature convenoit si peu avec ma constitution que je ne la pouvois continuer sans succomber. Je pris mon temps, & me sauvai pour la seconde fois chez mon ancien maître, qui eut la charité de me si bien cacher que je ne fus point découvert. Il me me falut plus de trois semaines pour me remettre : lors que j'eus recouvré ma vigueur, il m'accommoda d'argent, d'un méchant habit, à la faveur de quoi je m'enfuis, & m'en allai droit à Paris, comme à un monde, où je me croiois mieux dérober aux poursuites de mes bourreaux, dans la vue d'y exercer le métier que j'avois commencé à apprendre dans ma jeunesse : mais il se trouva que j'avois tellement oublié ce que j'en avois sçu, que je fus obligé de voir à un bureau d'adresse s'il n'y auroit pas moyen de me trouver un Maître de qualité, auquel je pusse servir de valet de chambre. Dans ces entrefaites je crus devoir profiter du temps, que j'avois encore à moi, pour aller voir ce qu'il y avoit de plus beau aux environs de cette Métropolitaine du Royaume de France. Un jour que j'allois à Saint Denis, là où est le sepulcre des Rois, & des Princes de ce Pays là, je fus surpris, en passant devant un cabaret, qui est sur le chemin, qu'un fripon se saisit adroitement de mon chapeau, & le jetta dans cette maison. Ignorant les tromperies des gens de guerre pour attraper des Soldats, je voulus entrer pour l'aller chercher, mais une Païsanne, qui passoit casuellement par là, & qui connoissoit ces sortes de ruses, m'avertit de ne le pas faire, de peur qu'il ne m'en arrivât du mal. Quand ceux qui étoient au guet virent que je restois devant la porte, deux d'entr'eux sortirent, me prirent par le bras, & vouloient me tirer dedans : en résistant je tombai à terre, eux se jettérent sur moi, &

commencérent à m'abîmer de coups de poing. Par bonheur il survint un Page de la Cour, qui nous aiant fait relever, s'informa du sujet de notre querelle ; je lui dis la chose comme elle étoit, la-dessus il tira son épée & en donna cent coups à ces pendards. C'est donc ainsi, Coquins que vous êtes, leur dit il, que vous abusez du droit que l'on vous donne de lever des gens pour le service de sa Majesté, je ne m'étonne pas si on en entend tous les jours des plaintes, & si le monde deserte aussi-tôt qu'il est enrôlé. Ce sont des mandians, des bateurs de pavé, & de semblable canaille que le Roi veut bien que l'on prenne de cette maniére, parce que le public en est incommodé, mais il ne prétend pas que vous fassiez violence aux passants, & aux honnêtes gens : si cela arrive plus, on vous apprendra à vivre. Ce petit inconvénient m'empêcha pendant un temps de sortir plus de la ville, & enfin pour en prévenir de semblables, je résolus de faire de gré, ce que l'on avoit voulu me faire faire par force : je m'enrôlai volontairement dans le Régiment des Pierrots. Dieu sait les extravagances que je commis en la compagnie de ces Scélérats, qui pour la plupart ne sont que de véritables piliers de maisons de débauche, où ils aident souvent à maltraiter & à piller ceux qui ont le malheur de tomber entre leurs mains, soit par surprise ou de propos délibéré. Je ne m'amuserai point à vous entretenir des finesses & des stratagêmes dont eux & leurs concubines se servent pour
faire

faire donner les infortunez dans le panneau, & desquels j'ai été souvent le témoin, cela ne viendroit point ici à propos, & je ne saurois m'en rappeller les idées sans exciter en moi des remorts de conscience, qui donnent horriblement la gêne à mon pauvre esprit. Laissant donc cette matiére à part, j'aime mieux vous dire que Paris étant un lieu où l'on trouve des gens de partout, je ne négligeois point les occasions de m'informer secrétement de ce qui se passoit à Viviers. J'en apris, entr'autres nouvelles applicables à votre sujet, que votre pere se mit au lit peu après votre départ, & que n'entendant plus parler de vous, le pauvre homme mourut de chagrin au bout de six mois. Votre mere l'a survêcu d'un an & demi. Enfin le Roi de France déclara la guerre aux Holandois, je me trouvai en plusieurs rencontres d'où je sortis toûjours heureusement, jusqu'à la bataille de Sénef de mille six cents soixante & quatorze, où je receus un coup de mousquet, dont je suis resté estropié, comme vous voyez. Un Sergeant d'un Régiment Aleman y ayant aussi été blessé, fut mené dans un même endroit avec moi pour y être pensé; il étoit accompagné de sa femme, qui en prenoit tous les soins imaginables. Il ne laissa pourtant pas de mourir de ses blessures. Après son décès sa veuve ne bougeoit d'auprès de moi, elle me servoit, elle me gardoit, & me traitoit en un mot comme si j'avois été son propre frere : cela ne contribua pas peu à me rétablir. N'aiant rien de plus précieux que ma personne, je la lui offris, en reconnoissance de tant de biensfaits, en y ajoutant que c'étoit tout ce que j'avois au monde. Je vous prens au mot, me répondit elle, tel que vous êtes, je sai le moyen de gagner du pain pour nous deux, moyennant que vous vouliez me suivre jusque dans mon Pays, & que vous embrassiez la Religion Lutérienne. J'irai partout où vous voudrez, lui répondis-je, mais pour changer de sentiment à l'égard du culte, c'est ce que je ne vous promets pas ; je veux bien voir ce qui en est, & si j'y puis faire mon salut, je prendrai ce parti là, si non, je resterai Catolique. Cela suffit, continua-t-elle, vous avez de l'esprit, pour peu que l'on vous instruise, vous serez bien-tôt des nôtres. Là-dessus elle se chargea de ses nipes, nous allâmes nous marier à Bruxelles, & nous en vinmes ici. Elle y avoit une maison, où son pere avoit tenu auberge, elle embrassa la même profession : nos affaires alloient tout doucement, nous gagnions notre vie, mais peu de chose au delà. Le bonheur voulut qu'aiant une maitresse femme, qui se chargeoit du soin de toutes choses, & qui me donnoit le loisir de passer mon temps ailleurs, je fis connoissance avec un fleuriste, qui avoit de toutes sortes de Plantes. Quoi que je n'eusse qu'un fort petit jardin derriére mon logis, la culture des fleurs me parut un divertissement si innocent, & en même temps si agréable, que j'y donnai à corps perdu ; mon ami m'accommoda de tout ce que je vou-

voulus, je prenois beaucoup de soin de ce qu'il me donnoit, tout changeoit à vue d'œil entre mes mains, principalement mes tulipes devenoient tous les ans plus belles. J'en semai de la graine, on n'avoit jamais rien vû de plus bizarre, de plus fin, & de mieux marqué, que ce qu'elle me raporta. Au lieu que je ne travaillois au commencement que pour mon plaisir, dans la suite je m'occupai tout de bon par intérêt, je n'avois plus de fleurs que pour de l'argent. Aujourd'hui je vendois un ognon de tulipe cent écus, demain un gayeu cinquante francs; il ne se passoit presque point de jours que mon comtoir ne se ressentît de quelque nouvelle crue. Enfin je puis vous dire qu'en moins de dix ans j'avois ragné plus de soixante dix mille livres. Quand je me vis en état de vivre sans rien faire, je fis fermer boutique à ma femme, & achetai la maison, où vous me voyez présentement, & où nous vivons tout doucement avec un valet & une servante, car pour d'enfans je n'en ai point. Je suis ravi de votre bonheur, interrompis-je, vous êtes riche, & je suis pauvre; je serai bien heureux si je puis seulement gagner honnêtement ma vie, je m'en vai à Leïden pour cela, Dieu veuille qu'il y fasse aussi bon qu'autrefois. Il n'est pas nécessaire, reprit Monsieur Surcel, que vous alliez chercher loin ce qui est près; je vous l'ai dit, & je vous le répéte encore, j'ai abondamment du bien pour vous & pour moi, il ne tiendra qu'à vous d'en jouir à votre fantaisie. Vous n'au-

M 5

rez point à faire de changer de Religion comme j'ai fait, si vous ne le voulez, je ne prétens pas même que vous demeuriez chez moi, où je puis autrement vous accommoder de deux belles chambres bien meublées : logez ici, logez ailleurs, mangez & buvez là où vous voudrez, ma bourse payera par tout, je ne puis pas vous en dire davantage, à moins que je n'y ajoute que si je meurs avant vous, comme étant plus âgé de quelques années, je vous laisserai dequoi vivre honnêtement le reste de vos jours. Je vous suis fort obligé, lui répondis-je, je n'ai directement jamais été à charge à personne, & je ne prétens l'être qu'à l'extrémité : si je ne puis rien faire là où je vai, peut être pourrai-je profiter de vos généreuses offres, mais j'ose me flatter que je n'en serai point à la peine. Je ne saurois vous forcer à rien, me dit il, si vous restez, vous me ferez plaisir, si vous vous en allez, je prie Dieu qu'il vous bénisse. Cependant permettez moi de vous demander si vous êtes pourvû de deniers & de hardes pour le voyage. Pour des hardes je n'en ai que ce que vous me voyez sur le corps, répondis-je, & de l'argent je n'en aurai pas de reste ; j'espére que le Ciel pourvoira à tout. Là-dessus il se leva, & m'alla querir un habit complet de beau drap gris de fer, qui étoit encore aussi bon que neuf, & dix ducats, qu'il me fit prendre par force. Je vous en donnerois plus, continua-t-il, mais j'aime mieux que la nécessité vous oblige à revenir. Dieu me le pardonne, j'avois

le

le cœur si gros du tour qu'il m'avoit fait, & d'où s'en étoient ensuivis tant de disgraces, & sur tout la mort de mon pere, que je ne lui savois point de gré de toutes ses honnêtetez, qui au fond méritoient beaucoup de reconnoissance : de sorte que nonobstant les instances qu'il faisoit pour me retenir au moins à souper, je le quitai assez brusquement, pour lui faire remarquer que j'étois capable de conserver fort long-temps la mémoire d'un mauvais office, & m'en allai trouver mon Maquignon, avec lequel je partis le lendemain au matin à la porte ouvrante. Je me repentis mille fois en chemin d'avoir traité si froidement Monsieur Surcel, & je résolus de lier avec lui un commerce de lettres, aussi-tôt que je me serois fixé en Holande. De Minden, où je ne fis aucun séjour, je me rendis à Munster, & deux jours après je partis de cet endroit là pour Zutphen. Étant le soir à table d'hôte, plusieurs personnes, curieuses de me connoître, me demandérent d'où je venois, & où je prétendois aller ; je répondis modestement à leurs demandes, & leur fis comprendre que mon dessein étoit d'aller passer quelque temps à Leiden, où j'avois demeuré autrefois, dans la vue d'y enseigner la langue Françoise, & un peu de Mathématiques. Un personnage, nommé Monsieur Unia, qui étoit de notre compagnie, ne pensant pas que cela me pût être avantageux, se mit à branler la tête. Vous êtes mal conseillé, me dit il ; depuis la révocation

tion de l'Edit de Nantes, toute la Holande regorge de François réfugiez, qui se mêlent d'enseigner toutes sortes de langues & de facultez, sur tout dans les Académies, où les Etrangers se rendent pour étudier. Si vous m'en vouliez croire vous iriez vous établir à Leeuwarden: il semble, poursuivit il, que les Frisons ont pris du goût pour la Géométrie & la Fortification, depuis qu'ils ont remarqué que ces sciences ont été la cause de l'avancement de Monsieur Koehorn. La langue Françoise y devient aussi beaucoup plus familière qu'elle ne l'a été auparavant, tout le monde la veut apprendre; de manière que je ne doute nullement que vous ne trouviez dans cette Cour les moyens d'y passer vos jours fort à vôtre aise. Je suis de ce Pays là, j'y ai été Griet-man d'où vous pouvez conclure que je pourrai vous y recommander à plusieurs gens. Je le remerciai de ses honnêtetez, & me déterminai à suivre son avis. Le jour d'après j'allai rendre une visite à Monsieur de Wintsum, Bourgué-Maître de ce lieu là, parce qu'on m'avoit dit qu'il étoit Mathématicien: il me tint plus de deux heures auprès de lui, & me jura que s'il étoit plus jeune, il me prieroit de rester dans sa maison pour lui aider à se perfectionner dans l'Algèbre, où il avoit pris beaucoup de plaisir, mais qu'étant âgé, & abîmé dans les affaires, ce n'étoit plus à lui à penser à une occupation de cette nature. En le quittant il me mit une Pistole d'Espagne dans la main,

qu'il

qu'il voulut absolument que je retinsse, & me souhaita toutes sortes de prospéritez. Monsieur Upia me chargea de deux lettres, l'une pour Monsieur le Conseiller Jorsma, & l'autre pour l'Avocat Leli, après quoi je lui dis adieu, & pris la route de Déventer. Je logeai là dans l'hôtelerie où le Chariot arriva, près d'une porte où aboutit une grande place nommée Brink, au milieu de laquelle est le poids & la grand-garde. Le lendemain, comme je passois dans une rue assez mal propre, j'entendis une voix comme d'un homme qui prêchoit, je demandai ce que cela vouloit dire, & l'on me dit que c'étoit un Professeur qui donnoit une leçon publique. J'entrai dans son auditoire, & vis qu'il expliquoit les Elemens de la Géométrie; il en étoit à la trentiéme proposition du sixiéme livre d'Euclides, où l'Auteur enseigne à couper une ligne droite en la moienne & extrême raison. Il s'en acquita parfaitement bien, sa démonstration étoit juste & claire, il parloit bien, & avoit fort bonne grace. Il montra ensuite à quels usages la connoissance de ce problème étoit nécessaire, mais ce qui acheva de me donner des sentimens avantageux des lumiéres de ce Docte personnage, c'est qu'il enseigna à ses Auditeurs une métode toute différente de celle de l'Auteur qu'il traitoit, pour soudre la même question, qu'il assuroit être de son invention, comme effectivement je le crois. Ceux à qui je m'informai de lui en faisoient beaucoup d'estime, & en parloient comme d'un homme d'esprit, consommé

dans

dans sa profession, & capable de bien raisonner de toutes choses. J'aurois sans doute pris la liberté de l'accoster, mais il ne descendit de chaire qu'à midi sonné, le temps n'étoit pas alors convenable, & outre cela j'avois besoin de celui qui me restoit pour manger simplement un morceau, & courir au chariot ordinaire, qui me devoit porter à Zwol. Je n'eus pas le loisir de parler là à une âme, j'y étois arrivé le soir, & j'en partis le lendemain à neuf heures du matin pour Sneek. Enfin je me rendis à Leuwarden, mais ces Messieurs auxquels je m'addressai me dirent franchement qu'ils ne me pouvoient procurer aucun bien. Le Conseiller parut marri de ce que j'avois entrepris un tel voyage sur la parole d'un homme, où il n'y avoit pas beaucoup de fond à faire, & qui étoit bien moins politique que gourmet, il recompensa ce tort par une libéralité digne d'une personne de son rang; & l'Avocat, qui étoit Catolique, me fit donner quinze francs par son Eglise. Je me retirai avec cela, & passai à Franeker; je ne vis dans cette Université que le seul Monsieur Fulenius, Professeur en Mathématiques, que je trouvai aussi très habile homme; mais sa manière de démontrer ne me plaisoit pas comme celle de celui de Déventer, qui n'employe absolument que des lignes, suivant l'exemple des plus grands Philosophes de l'antiquité; au lieu que celui-ci se sert de caractéres, & ne fait rien que par équations. L'écolier demeure bien par là convaincu de la vérité de la chose, mais il n'en est point du tout éclairé: cette métode
res-

resserre l'esprit, pour ainsi dire, elle borne ses vues à une moindre étendue, au lieu qu'elle doit l'étendre, & lui faire voir à la fois tous les raports, que renferme une proposition, puis que c'est là le plus beau fruit que les savans retirent de la culture des sciences, qui ont les grandeurs pour objet. Il me fit voir entr'autres curiositez, un carillon complet de petites cloches, qu'il avoit fait lui-même, dont les plus grands Musiciens faisoient beaucoup de cas. En sortant de chez lui il me proposa d'aller voir un vilage situé à quelques lieues de là, nommé Molqueer, qu'il croyoit tout à fait digne de ma curiosité. J'y fus sur sa parole, & je trouvai en effet qu'il ne se peut rien imaginer de plus singulier. On diroit que les maisons y ont été bâties à dessein d'en faire un Labirinte : il n'y a pas un chemin ni une rue, qui n'aboutisse à une de ces demeures de Païsans, & où l'on ne soit obligé d'enfiler à droit ou à gauche, lors que l'on veut passer outre : en partant de là vous trouvez un autre obstacle semblable à celui là : de sorte que si l'on ne fixe sa vue, par exemple à la considération de l'Eglise, ou d'un bâtiment aisé à distinguer des autres objets de ce lieu là, à l'aide duquel on retourne à l'endroit d'où l'on est venu, ou que l'on n'ait un bon guide, on court risque d'errer long-tems. Outre cela il faut remarquer que ces Molquériens sont habillez d'une toute autre manière que leurs voisins, pour peu qu'ils soient éloignez de leur vilage. Ils ont aussi une dialecte toute différente de celle des habitans du même Canton ;

leurs

leurs mœurs, leurs maximes, & en général tout ce qu'ils font a si peu de rapport avec ce que l'on voit faire au reste des hommes, que jusqu'à present, il a été impossible de savoir la cause d'une si grande diversité, d'où ces gens là sont venus, & quand ils se sont établis dans un lieu d'une si petite étendue. Je trouvai le jour d'après une commodité pour Staveren, où j'en pris une autre qui me mena à Enkhuysen. On m'adressa là à Monsieur Sçagen, qui me donna aussi résolument pour passer mon chemin. La propreté de cette Ville m'y fit rester deux jours entiers: le troisiéme je pris le chariot pour Hoorn, qui est une des principales places de la Nort-Holande. Quoi que le chemin de trois lieues de l'une de ces villes à l'autre, soit pavé, bien entretenu, & bordé par tout de maisons, comme seroit à peu près une rue, ce qui comprend quatre ou cinq vilages, nous ne laissâmes pas d'avoir le malheur de renverser précipitamment & avec beaucoup de violence, sans que j'en sentisse aucune incommodité. Les autres passagers, qui étoient quite de cette chute pour la peur, sortirent, il n'y avoit que moi, qui restois là, & qui ne pouvois m'empêcher de rire de les voir tous aussi pâles & défaits que s'ils avoient eu quelque blessure considérable. Allons, me dirent ils, rieur, voyons si nous pourrons relever notre voiture, & continuer notre chemin. Je ne sai, leur répondis-je, ce que j'ai, mais il semble que je sois cloué à ma place, il n'est pas

en

en ma puissance de me remuer ; avec cela
je riois toûjours. Ce vieillard est il fou,
ou a-t-il bu, dit le Chartier ? Marchez
donc, que Diable faites vous là davantage ? A ces mots, voulant faire un effort
pour me lever, je m'aperceus de mon desastre. O Dieu, m'écriai-je alors, je suis un
homme perdu. Quoi, vous continuez à
faire le boufon, reprirent ils, & vous n'a-
vez pas peur que Dieu vous punisse une autre fois. Il n'y a point ici de raillerie,
poursuivis-je, je ne saurois remuer la
jambe, elle commence à me faire un mal
insupportable, il est impossible qu'elle ne
soit fracassée. Là-dessus je tombai en sin-
cope ils s'avancerent, & m'aiant posé sur
une civiére, ils me portérent dans un cabaret, qui étoit fort près de là sur la route. Un Chirurgien du Village, que l'on
alla querir au plu-tôt, vint me voir, &
après une inspection faite dans toutes les
formes, il se trouva que j'avois l'os de la
cuisse droite cassé, un peu au-dessus du genou. Si cela est, dis-je, je ne permet-
trai jamais que vous me pansiez seul, j'en
veux un autre avec vous ; ce que l'un
n'entendra pas, peut-être que l'autre le
saura, & j'ai dequoi vous payer tous deux.
L'hôte, qui me regardoit déja avec respect, crut infailliblement que j'étois homme à faire de la dépense, il fit incontin-
nent exécuter mes ordres, & eut soin que
je fusse parfaitement bien servi. J'avois le
cœur

cœur sain, & j'étois tombé entre les mains de fort honnêtes gens, qui avoient longtemps servi sur la mer, & qui s'y prenoient d'une maniére à me faire comprendre qu'ils entendoient leur métier. En effet, cinq ou six semaines après ma chute, on me levoit tous les jours & l'on me mettoit dans un fauteuil, devant lequel il y avoit une chaise avec un Coussin, sur quoi reposoit ma jambe, qui ne m'incommodoit pas beaucoup. Comme je manquois souvent de compagnie, & que le temps me paroissoit extrémement long, il me vint dans l'esprit de faire de nouveaux mémoires des principaux endroits de ma vie, & de ce qui m'étoit arrivé dans mes voyages, autant que ma mémoire foible & chancelante, me permettroit de m'en ressouvenir. Je m'occupai à cet ouvrage l'espace de quatre mois & demi, au bout desquels il se trouva que j'en avois fait l'ébauche. Ce fut alors que ma playe s'ouvrit, & que je sentis de plus grandes douleurs que jamais; il en sortit plusieurs esquilles, à cela une grosse fiévre survint, qui me faisoit douter de mon retour. Je dis à mon hôte qu'il serrât ce manuscrit, qui étoit fort imparfait, tant par raport au stile, qu'à l'arangement des matiéres, & en ce qui concernoit de certains faits, où j'avois été peut-être, trop concis ou trop difus, faute de temps & d'assez de liberté d'esprit, jusques à ce qu'il plût à la Providence de
me

me mettre en état de le revoir ; & avec priére qu'au cas que je vinsse à mourir il ne manquât pas d'en faire part au public tel qu'il étoit.

F I N.

www.ingramcontent.com/pod-product-compliance
Lightning Source LLC
Chambersburg PA
CBHW050631170426
43200CB00008B/970